Olasz Konyha

Hihetetlen olasz ételek, amik garantáltan ámulatba ejtenek

Livia Adamo

TARTALOMJEGYZÉK

Rizs és bab, venetói stílus 9

Szardíniai kolbász rizs 11

Polenta 13

Polenta krémmel 15

Polenta Ragùval 17

Polenta Crostini, Három út 18

Polenta szendvicsek 21

Polenta három sajttal 23

Polenta Gorgonzolával és Mascarponéval 25

Gomba polenta 27

Hajdina és kukoricadara polenta 29

Sült polenta sajttal 31

Sült polenta kolbásszal 33

Polenta "láncban" 35

Farro saláta 37

Farro, Amatrice Style 40

Farro, paradicsom és sajt 42

Garnéla és árpa Orzotto 44

Árpa és zöldség Orzotto 46

Prosciutto és tojás 48

Sült spárga tojással 51

Tojás a purgatóriumban 53

Tojás paradicsomszószban, Marches stílusban 55

Piemonti stílusú tojás 57

Firenzei tojás 59

Sült tojás burgonyával és sajttal 61

Paprika és tojás 63

Burgonya és tojás 65

Gomba és tojás rántotta 68

Hagyma és rukkola Frittata 70

Cukkini és bazsalikom Frittata 73

Százfüves Frittata 75

Spenót Frittata 77

Gomba és Fontina Frittata 80

Nápolyi Spagetti Frittata 82

Frittata tészta 84

Kis Omlett 86

Ricotta és cukkini virág Frittata 88

Omlett csíkok paradicsomszószban 90

Tengeri sügér olíva morzsával 93

Tengeri sügér gombával 95

Turbolya filé olívapasztával és paradicsommal 98

Sült tőkehal 100

Hal az "őrült vízben" 103

Kékhal citrommal és mentával 105

Borjúhús marsalával és gombával 107

Borjútekercs fehérborban 110

Borjútekercs szardella 112

Borjútekercs spenóttal 114

Borjútekercs prosciuttóval és sajttal 117

Grillezett borjútekercs mozzarellával és zsemlemorzsával 119

Serpenyős borjúszelet 121

Borjúszelet rozmaringgal és fehérborral 123

Sült borjúszelet 125

Borjúszelet édes paprikával 127

Töltött borjúszelet sonkával és Fontinával 129

Borjúszelet, milánói stílusban 131

Párolt borjúszelet 133

Borjú-, burgonya- és zöldbabpörkölt 135

Borjúpörkölt rozmaringgal és borsóval 137

Borjú és bors pörkölt 139

Borjúpörkölt vörösborral 141

Borjúgulyás krémmel 144

Borjú-, kolbász- és gombás nyárs 147

Borjúszár, Milánói stílus ... 149

Borjú csülök Barberával ... 152

Borjú csülök Porcinival ... 155

Sült borjú csülök ... 158

Borjúszár, nagymama stílusa ... 160

Borjúsült Pancettával ... 162

Borjúhús tonhalszószban ... 164

Párolt borjúlapocka ... 167

Borjúhússal töltött káposzta ... 169

Borjú- és tonhalcipó ... 172

Velencei máj és hagyma ... 175

Töltött borjúmell ... 177

Kolbász és borsos serpenyő ... 182

Búzadara Gnocchi ... 184

Abruzzese kenyérgombóc ... 186

Ricottával töltött palacsinta ... 190

Abruzzese krepp és gomba Timbale ... 193

Toszkán kézzel készített spagetti húsmártással ... 197

Pici fokhagymával és zsemlemorzsával ... 200

Búzadara tészta ... 202

Cavatelli Ragùval ... 204

Cavatelli Calamarival és Sáfránnyal ... 206

Cavatelli rukkolával és paradicsommal 209

Orecchiette sertés ronggyal 211

Orecchiette brokkoli Rabe-vel 213

Orecchiette kolbásszal és káposztával 216

Rizs és bab, venetói stílus

Riso e Fagioli alla Veneta

4 adagot készít

A nyár folyamán a rizst és a babot melegen, nem forrón szolgálják fel. A Veneto régióban az áfonyabab, amelyet olaszul borlotti néven ismernek, a kedvenc fajta. A nyers áfonyabab rózsaszín, krémszínű jelölésekkel. Főzéskor rózsaszínes bézs színűvé válnak. Nagyon úgy néznek ki, mint a pinto bab, amely helyettesíthető, ha jobban szereti.

Körülbelül 2 csésze házilag Húsleves vagy bolti marhahúsleves

3 evőkanál olaj

1 kis hagyma, apróra vágva

1 közepes sárgarépa, apróra vágva

1 közepes zeller borda, apróra vágva

½ csésze finomra vágott pancetta

2 csésze főtt szárított áfonya vagy pinto bab, vagy 1 (16 uncia) babkonzerv folyadékkal

1 csésze közepes szemű rizs, például Arborio, Carnaroli vagy Vialone Nano

Só és frissen őrölt fekete bors

1. Ha szükséges, elkészítjük a húslevest. Ezután egy széles serpenyőben, közepes lángon hevítsük fel az olajat a hagymával, sárgarépával, zellerrel és pancettával. Főzzük, időnként megkeverve, amíg a zöldségek aranybarnák nem lesznek, körülbelül 20 percig.

2. Adjuk hozzá a babot és 1 csésze hideg vizet. Forraljuk fel, és főzzük 20 percig.

3. Tegye félre a babkeverék körülbelül egyharmadát. A maradékot robotgépben vagy robotgépben simára pürésítjük. Öntsük a babpürét és 1 csésze húslevest egy nagy, széles serpenyőbe. Közepes lángon lassú tűzön felforraljuk. Időnként megkeverve főzzük 5 percig.

4. Adjuk hozzá a rizst a serpenyőbe, sózzuk, borsozzuk ízlés szerint. Főzzük 20 percig, gyakran kevergetve, hogy a bab ne tapadjon a serpenyő aljára. Apránként adjunk hozzá a maradék húslevesből, amíg a rizs puha, de még szilárd lesz. Keverje hozzá a fenntartott babkeveréket, és kapcsolja le a hőt.

5. 5 percig pihentetjük. Forrón tálaljuk.

Szardíniai kolbász rizs

Riso alla Sarda

6 adagot készít

Inkább pilaf, mint rizottó, ez a hagyományos szardíniai rizsétel nem igényel sok keverést.

Körülbelül 3 csésze <u>Húsleves</u>

1 közepes vöröshagyma, apróra vágva

2 evőkanál apróra vágott friss lapos petrezselyem

2 evőkanál olívaolaj

12 uncia sima olasz sertéskolbász, bélelve

1 csésze hámozott, kimagozott és apróra vágott paradicsom

Só és frissen őrölt fekete bors

1 1/2 csésze közepes szemű rizs, például Arborio, Carnaroli vagy Vialone Nano

1/2 csésze frissen reszelt Pecorino Romano vagy Parmigiano-Reggiano

1. Ha szükséges, elkészítjük a húslevest. Ezután egy széles serpenyőben, közepes lángon főzzük a hagymát és a petrezselymet az olajon, amíg a hagyma megpuhul, körülbelül 5 percig. Adjuk hozzá a kolbászhúst, és főzzük gyakran kevergetve, amíg a kolbász enyhén megpirul, körülbelül 15 percig.

2. Hozzákeverjük a paradicsomot és ízlés szerint sózzuk, borsozzuk. Adjuk hozzá a levest, és forraljuk fel. Belekeverjük a rizst. Fedjük le és főzzük 10 percig. Ellenőrizze, hogy a keverék nem túl száraz-e. Ha szükséges, adjunk hozzá még húslevest vagy vizet. Fedjük le és főzzük még 8 percig, vagy amíg a rizs megpuhul.

3. Vegyük le a serpenyőt a tűzről. Belekeverjük a sajtot. Azonnal tálaljuk.

Polenta

4 adagot készít

A polenta főzésének hagyományos módja az, hogy a száraz kukoricalisztet lassan, finom sugárban egyik kezünk ujjain át öntjük egy fazék forrásban lévő vízbe, miközben a másik kezünkkel folyamatosan keverjük. Ennek helyes végrehajtásához sok türelemre van szüksége; ha túl gyorsan megy, a kukoricaliszt csomókat képez. Eközben ég a kezed attól, hogy a fortyogó folyadék fölé tartod.

Sokkal jobban szeretem az alábbi módszert a polenta főzéséhez, mert gyors és biztonságos. A legjobb az egészben, hogy ezt a módszert a hagyományos módszerrel párhuzamosan próbáltam ki, és a végeredményben nem tudok különbséget észlelni. Mivel a kukoricalisztet először hideg vízzel keverik össze, nem képződnek csomók, amelyek könnyen előfordulhatnak, ha a szárazlisztet közvetlenül a forró vízbe öntik.

Ügyeljen arra, hogy vastag aljú edényt használjon, különben a polenta megperzselhet. Az edényt Flametamerre is helyezheti – egy fémkorongra, amely a kályhaégő fölé illeszkedik, hogy az edény további szigetelését biztosítsa a hő szabályozásához. (Keresd a konyhai boltokban.)

Az alap polentát variálhatja úgy, hogy húslevessel főzi, vagy a víz egy része helyett tejet használ. Ha kívánja, a főzési idő végén keverjen hozzá egy kis reszelt sajtot.

4 csésze hideg víz

1 csésze durvára őrölt sárga kukoricadara, lehetőleg kővel őrölt

2 teáskanál só

2 evőkanál sótlan vaj

1. Egy 2 literes nehéz serpenyőben forraljunk fel 3 csésze vizet.

2. Közben egy kis tálban keverje össze a kukoricalisztet, a sót és a maradék 1 csésze vizet.

3. A keveréket forrásban lévő vízbe öntjük, és kevergetve addig főzzük, amíg a keverék fel nem forr. Csökkentse a hőt alacsonyra, fedje le, és időnként megkeverve főzze, amíg a polenta sűrű és krémes lesz, körülbelül 30 percig. Ha a polenta túl sűrű lenne, keverjünk hozzá még egy kis vizet.

4. Keverjük hozzá a vajat. Azonnal tálaljuk.

Polenta krémmel

Polenta alla Panna

4 adagot készít

Egy hideg téli napon Milánóban megálltam ebédelni egy forgalmas trattoriában. A menü korlátozott volt, de ez az egyszerű, megnyugtató étel a nap különlegessége volt. Ha van friss fehér vagy fekete szarvasgomba, borotválja le a mascarponéval, és távolítsa el a sajtot.

A tálalótál vagy tál felmelegítéséhez tegyük meleg (nem forró!) sütőbe néhány percre, vagy öntsünk rá forró vizet a mosogatóba. Az étel hozzáadása előtt szárítsa meg a tálat vagy tányért.

1 recept (kb. 5 csésze) melegen főzve Polenta

1 csésze mascarpone vagy kemény tejszín

Parmigiano-Reggiano darabka

1. Ha szükséges, elkészítjük a polentát. Ezután öntsük a forró főtt polentát egy meleg tálra.

2. A mascarponét kanalazzuk a tetejére, vagy öntsük rá a tejszínt. Forgópengéjű zöldséghámozó segítségével borotválja le a Parmigianót a tetején. Azonnal tálaljuk.

Polenta Ragùval

Polenta al Ragù

4 adagot készít

Valamikor sok észak-olasz családban volt egy speciális rézfazék, az úgynevezett paiolo, amelyben polentát főztek, és egy kerek deszka, amelyen tálalták. Ez egy finom, kényelmes étel, és nagyon egyszerű, ha előre elkészíti a ragut és a polentát.

1 recept (kb. 3 csésze)Ragù Bolognese

1 recept (kb. 5 csésze) melegen főzvePolenta

½ csésze frissen reszelt Parmigiano-Reggiano

1. Ha szükséges, elkészítjük a ragút és a polentát.

2. A polentát egy meleg tálra öntjük. Készítsen egy sekély mélyedést a polentában. Rákanalazzuk a szószt. Megszórjuk a sajttal és azonnal tálaljuk.

Polenta Crostini, Három út

A kenyér helyett ropogós polenta szeleteket is használhatunk*Crostini*). Ízletes feltéttel (lásd a következő javaslatokat) tálaljuk előételként, köretként pörkölt mellé, vagy grillezett vagy sült madarak alapjaként.

1 recept (kb. 5 csésze) melegen főzve*Polenta*

1. Készítsd el a polentát. Amint a polenta megfőtt, gumis spatulával terítse el körülbelül 1/2 hüvelyk vastagságra egy nagy tepsire. Fedjük le és hűtsük le, amíg meg nem szilárdul, legalább 1 órával és legfeljebb 3 napig, használat előtt.

2. Ha készen áll a főzésre, vágja a polentát négyzetekre vagy más formára egy késsel, vagy sütemény- vagy kekszvágóval. A darabokat süthetjük, grillezhetjük, grillezhetjük vagy süthetjük.

Sült Polenta Crostini: Melegítsük elő a sütőt 400°F-ra. Egy tepsit kiolajozunk, és a polentaszeleteket egymástól körülbelül 1/2 hüvelyk távolságra elrendezzük. A tetejét megkenjük olajjal. 30 percig sütjük, vagy amíg ropogós és enyhén aranybarna nem lesz.

Grillezett vagy roston sült Polenta Crostini: Helyezzen egy grillrácsot vagy broilerrácsot körülbelül 4 hüvelyk távolságra a hőforrástól. Melegítse elő a grillt vagy a brojlert. A polentaszeleteket mindkét oldalát megkenjük olívaolajjal. Helyezze a darabokat az állványra. Grillen vagy sütésen, egyszer megforgatva, ropogósra és aranybarnára, körülbelül 5 perc alatt. Fordítsa meg a darabokat, és grillezze a másik oldalát még körülbelül 5 percig.

Rántott Polenta Crostini: Egy tapadásmentes serpenyőben nagyon enyhén kenjen meg egy vékony réteg kukoricát vagy olívaolajat. Melegítsük fel a serpenyőt közepes lángon. A polenta darabokat szárítsa meg. Süssük őket aranybarnára, körülbelül 5 percig. Fordítsa meg a darabokat, és süsse, amíg a másik oldaluk megpirul, körülbelül 5 percig.

Polenta szendvicsek

Panini di Polenta

8 adagot készít

Ezeket a kis szendvicseket előételként vagy köretként is tálalhatjuk. Egy kis hangulat kedvéért a polentát süti- vagy kekszszaggatóval kivágjuk.

1 recept (kb. 5 csésze)Polenta, vaj nélkül készült

4 uncia gorgonzola, vékonyra szeletelve

2 evőkanál olvasztott sótlan vaj

2 evőkanál Parmigiano-Reggiano

1. Készítsd el a polentát. Amint a polenta megfőtt, gumis spatulával körülbelül 1/2 hüvelyk vastagságúra terítsük egy nagy tepsire. Fedjük le és hűtsük le, amíg meg nem szilárdul, legalább 1 órával és legfeljebb 3 napig, használat előtt.

2. Helyezzen egy rácsot a sütő közepére. Melegítsük elő a sütőt 400°F-ra. Vajazz ki egy nagy tepsit.

3. A polentát 16 négyzetre vágjuk. Helyezze a polenta szeletek felét a sütilapra. Helyezzük rájuk a gorgonzola szeleteket. A tetejére kenjük a maradék polentát, enyhén rányomjuk a szendvicsekre.

4. A tetejét megkenjük vajjal. Megszórjuk a Parmigianóval. Süssük 10-15 percig, vagy amíg a sajt elolvad. Forrón tálaljuk.

Polenta három sajttal

Polenta con Tre Formaggi

4 adagot készít

A Valle d'Aosta a régió Olaszország távoli északnyugati sarkában. Alpesi klímájáról és gyönyörű síterepeiről híres, valamint olyan tejtermékeiről, mint a Fontina Valle d'Aosta, egy félkemény tehéntejes sajt.

A tej extra gazdagságot ad ennek a polentának. A vaj tiszteletbeli sajtként szerepel.

2 csésze hideg víz

1 csésze durvára őrölt sárga kukoricadara, lehetőleg kővel őrölt

1 teáskanál só

2 csésze hideg tej

½ csésze Fontina Valle d'Aosta, apróra vágva

¼ csésze frissen reszelt Parmigiano-Reggiano

2 evőkanál sótlan vaj

1. Egy 2 literes nehéz serpenyőben forraljuk fel a vizet.

2. Egy kis tálban keverjük össze a kukoricalisztet, a sót és a tejet.

3. A kukoricadara keveréket forrásban lévő vízbe öntjük, és kevergetve addig főzzük, amíg a keverék fel nem forr. Csökkentse a hőt alacsonyra, fedje le, és időnként megkeverve főzze körülbelül 30 percig, vagy amíg a polenta sűrű és krémes lesz. Ha a polenta túl sűrű lenne, keverjünk hozzá még egy kis vizet.

4. Vegyük le a serpenyőt a tűzről. Keverje hozzá a sajtokat és a vajat, amíg el nem olvad. Azonnal tálaljuk.

Polenta Gorgonzolával és Mascarponéval

4-6 adagot tesz ki

Mennyei és gazdag, ez a recept Lombardiából származik, ahol gorgonzola és mascarpone készül.

4 csésze hideg víz

1 csésze durvára őrölt sárga kukoricadara, lehetőleg kővel őrölt

1/2 teáskanál só

1/2 csésze mascarpone

1/2 csésze gorgonzola, morzsolva

1. Egy 2 literes nehéz serpenyőben forraljunk fel 3 csésze vizet.

2. Egy kis tálban keverje össze a kukoricalisztet, a sót és a maradék 1 csésze vizet.

3. A kukoricadara keveréket forrásban lévő vízbe öntjük, és állandó keverés mellett addig főzzük, amíg a keverék fel nem forr. Csökkentse a hőt alacsonyra, fedje le, és időnként megkeverve főzze körülbelül 30 percig, vagy amíg a polenta sűrű és krémes lesz. Ha a polenta túl sűrű lenne, keverjünk hozzá még egy kis vizet.

4. Vegyük le a polentát a tűzről. Hozzákeverjük a mascarponét és a gorgonzola felét. Egy tálba öntjük, és megszórjuk a maradék gorgonzolával. Forrón tálaljuk.

Gomba polenta

Polenta con Funghi

6 adagot készít

A Pancetta gazdag ízt ad, de hagyja ki, ha húsmentes ételt szeretne. A maradékot szeletekre vágva kis olívaolajon vagy vajban megsüthetjük előételnek vagy köretnek.

2 uncia apróra vágott pancetta

1 kis hagyma, apróra vágva

2 evőkanál olívaolaj

1 (10 uncia) csomag fehér gomba vágva és szeletelve

2 evőkanál apróra vágott friss lapos petrezselyem

Só és frissen őrölt fekete bors

4 csésze hideg víz

1 csésze durvára őrölt sárga kukoricadara, lehetőleg kővel őrölt

1. Egy nagy serpenyőben keverjük össze a pancettát, a hagymát és az olajat, és főzzük addig, amíg a pancetta és a hagyma enyhén aranybarna nem lesz, körülbelül 10 percig. Adjuk hozzá a gombát és a petrezselymet, és főzzük, amíg a gombafolyadék elpárolog, még körülbelül 10 percig. Ízlés szerint sózzuk, borsozzuk.

2. Egy 2 literes nehéz serpenyőben forraljunk fel 3 csésze vizet.

3. Egy kis tálban keverje össze a kukoricalisztet, 1/2 teáskanál sót és a maradék 1 csésze hideg vizet.

4. A kukoricadara keveréket forrásban lévő vízbe öntjük, és állandó keverés mellett forraljuk fel. Csökkentse a hőt nagyon alacsonyra, fedje le, és időnként megkeverve főzze, amíg a polenta sűrű és krémes lesz, körülbelül 30 percig. Ha a polenta túl sűrű lenne, keverjünk hozzá több vizet.

5. A serpenyő tartalmát a polenta serpenyőbe keverjük. Öntse a keveréket egy meleg tálra. Azonnal tálaljuk.

Hajdina és kukoricadara polenta

Polenta Taragna

4-6 adagot tesz ki

Lombardiában ezt a kiadós polentát kukoricadara és hajdinaliszt kombinációjával készítik. A hajdina földes ízt ad. A bitto néven ismert helyi sajtot a főzési idő végén keverik bele. Soha nem láttam bitót az Egyesült Államokban, de a fontina és a Gruyère jó helyettesítő.

5 csésze hideg víz

4 evőkanál sótlan vaj

1 csésze durvára őrölt sárga kukoricadara, lehetőleg kővel őrölt

½ csésze hajdinaliszt

Só

4 uncia fontina vagy Gruyère

1. Egy 2 literes nehéz serpenyőben forraljon fel 4 csésze vizet és 2 evőkanál vajat.

2. Egy közepes tálban keverje össze a kukoricalisztet, a hajdinalisztet, 1/2 teáskanál sót és a maradék 1 csésze vizet.

3. A kukoricadara keveréket a forrásban lévő vízbe keverjük. Csökkentse a hőt nagyon alacsonyra. Lefedve, időnként megkeverve főzzük körülbelül 40 percig, vagy amíg a polenta sűrű és krémes lesz. Ha túl sűrű lenne, szükség szerint adjunk hozzá még egy kis vizet.

4. Vegyük le a polentát a tűzről. Keverje hozzá a maradék 2 evőkanál vajat és a sajtot. Azonnal tálaljuk.

Sült polenta sajttal

Polenta Cunsa

8 adagot készít

Legfeljebb 24 órával a főzés előtt állítsa össze, de ha kihűlt, duplázza meg a főzési időt. Próbáld ki Gruyère-rel vagy Asiago-val is.

5 csésze hideg víz

1 csésze durvára őrölt sárga kukoricadara, lehetőleg kővel őrölt

1 teáskanál só

3 evőkanál sótlan vaj

1 közepes vöröshagyma, apróra vágva

1 csésze frissen reszelt Parmigiano-Reggiano

½ csésze morzsolt gorgonzola

½ csésze aprított Fontina Valle d'Aosta

1. Egy 2 literes nehéz serpenyőben forraljunk fel 4 csésze vizet. Egy tálban keverjük össze a kukoricalisztet, a sót és a maradék 1 csésze vizet.

2. A keveréket forrásban lévő vízbe öntjük, és állandó keverés mellett addig főzzük, amíg fel nem forr. Csökkentse a hőt alacsonyra, fedje le, és időnként megkeverve főzze körülbelül 30 percig, vagy amíg a polenta sűrű és krémes lesz. Ha a polenta túl sűrű lenne, keverjünk hozzá még egy kis vizet.

3. Egy kis serpenyőben közepes lángon felolvasztunk 2 evőkanál vajat. Hozzáadjuk a hagymát, és kevergetve addig főzzük, amíg a hagyma puha és aranybarna nem lesz, körülbelül 10 percig. A hagymát a polentába kaparjuk.

4. Helyezzen egy rácsot a sütő közepére. Melegítse elő a sütőt 375 °F-ra. Vajazz ki egy 9 × 3 hüvelykes tepsit.

5. Öntsük a polenta körülbelül egyharmadát a serpenyőbe. Tegyél félre 1/4 csésze Parmigiano-t az öntethez. A megmaradt sajtok felét szórjuk rá a serpenyőben lévő polenta rétegre. Készítsen egy második réteg polentát és a sajtot. Ráöntjük a maradék polentát, és egyenletesen eloszlatjuk.

6. Szórja meg a fenntartott 1/4 csésze Parmigiano-t a polentára. Megkenjük a maradék vajjal. 30 percig sütjük, vagy amíg a széle körül bugyborékol. Tálalás előtt 10 percig pihentetjük.

Sült polenta kolbásszal

Polenta Pasticciato

6 adagot készít

Ez olyasmi, mint a lasagne, a tészta helyett szeletelt polenta rétegekkel.

A polenta pasticciato név érdekes. A pasticciare szóból származik, ami azt jelenti, hogy valamit összezavarunk, de a pasticciato egy tésztaszerű ételt is jelöl, sajttal és ragúval.

   1 recept[Kolbász Ragù](Kolbász Ragù)

8 csésze hideg víz

2 csésze durvára őrölt sárga kukoricadara, lehetőleg kővel őrölt

1 evőkanál só

8 uncia friss mozzarella

½ csésze frissen reszelt Parmigiano-Reggiano

1. Ha szükséges, készítse elő a ragut. Egy nagy serpenyőben forraljunk fel 6 csésze vizet.

2. Egy közepes tálban keverje össze a kukoricalisztet, a sót és a maradék 2 csésze vizet.

3. Öntsük a kukoricaliszt keveréket a forrásban lévő vízbe, folyamatos keverés mellett, amíg a keverék fel nem forr. Csökkentse a hőt alacsonyra, fedje le, és időnként megkeverve főzze körülbelül 30 percig, vagy amíg a polenta sűrű és krémes lesz.

4. Vajazz ki egy nagy tepsit. Öntsük a polentát a serpenyőbe, és egy gumilapáttal oszlassuk el egyenletesen 1/2 hüvelyk vastagságban. Hagyja hűlni, amíg megszilárdul, körülbelül 1 órát, vagy fedje le és tegyük hűtőbe egy éjszakára.

5. Helyezzen egy rácsot a sütő közepére. Melegítsük elő a sütőt 400°F-ra. Egy 9 hüvelykes négyzet alakú sütőedényt olajozzon ki.

6. Vágja a polentát 9 3 hüvelykes négyzetre. A polenta felét elrendezzük az edény alján. Rákanalazzuk a szósz felét, majd rátesszük a mozzarella és a Parmigiano-Reggiano felét. A többi hozzávalóból készítsünk egy második réteget.

7. 40 percig sütjük, vagy amíg a polenta felpezsdül, és a sajt megolvad. Tálalás előtt 10 percig állni hagyjuk.

Polenta "láncban"

Polenta Incatenata

6 adagot készít

A férjemmel egyszer béreltünk egy lakást egy villában, Lucca mellett Toszkánában. Carlotta volt a vidám házvezetőnő, aki gondoskodott a helyről, és minden zökkenőmentesen működött. Időnként meglepett minket egy házi készítésű étellel. Elmondta, hogy ez a kiadós polenta, egy helyi specialitás, állítólag aprított zöldségek szalagjaiba van "láncolva". Tálaljuk vegetáriánus főételként vagy köretként grillezett húsokhoz. Akkor is nagyon jó, ha hagyjuk kihűlni, amíg megszilárdul, majd felszeleteljük és aranybarnára sütjük.

2 evőkanál olívaolaj

1 gerezd fokhagyma, finomra vágva

2 csésze aprított káposzta vagy kelkáposzta

4 csésze hideg víz

1 csésze durvára őrölt sárga kukoricadara, lehetőleg kővel őrölt

1 1/2 teáskanál só

2 csésze főtt vagy konzerv cannelini bab

Só és frissen őrölt fekete bors

½ csésze frissen reszelt Parmigiano-Reggiano

1. Egy nagy serpenyőben főzzük az olajat és a fokhagymát közepes lángon, amíg a fokhagyma aranybarna nem lesz, körülbelül 2 percig. Adjuk hozzá a káposztát, fedjük le, és főzzük 10 percig, vagy amíg a káposzta megfonnyad.

2. Adjunk hozzá 3 csésze vizet, és forraljuk fel.

3. Egy kis tálban keverjük össze a kukoricalisztet, a sót és a maradék 1 csésze vizet.

4. Öntsük a kukoricadara keveréket a serpenyőbe. Főzzük gyakran kevergetve, amíg a keverék fel nem forr. Csökkentse a hőt alacsonyra, fedje le, és időnként megkeverve főzze 20 percig.

5. Keverjük hozzá a babot. Főzzük még 10 percig, vagy amíg sűrű és krémes nem lesz. Adjunk hozzá egy kevés vizet, ha a keverék túl sűrű lesz.

6. Levesszük a tűzről. Belekeverjük a sajtot és azonnal tálaljuk.

Farro saláta

Insalata di Farro

6 adagot készít

Abruzzóban a férjemmel többször ettünk farro salátát, köztük ezt ropogós zöldségekkel és frissítő mentával.

Só

1 1/2 csésze farro

1 csésze finomra vágott sárgarépa

1 csésze finomra vágott zeller

2 evőkanál finomra vágott friss menta

2 zöldhagyma, apróra vágva

1/3 csésze olívaolaj

1 evőkanál friss citromlé

Frissen őrölt fekete bors

1. Forraljon fel 6 csésze vizet. Sózzuk ízlés szerint, majd a farrot. Csökkentse a hőt lassú tűzre, és főzze, amíg a farro puha, de még

mindig rágós lesz, körülbelül 15-30 percig. (A főzési idő változhat; 15 perc után kezdje el kóstolni.) Jól leszűrjük.

2. Egy nagy tálban keverje össze a farrot, a sárgarépát, a zellert és a mentát. Egy kis tálban keverjük össze az olívaolajat, a citromlevet és a borsot. Az öntetet a salátára öntjük és jól összeforgatjuk. Kóstolja meg és állítsa be a fűszerezést. Melegen vagy szobahőmérsékleten tálaljuk.

Farro, Amatrice Style

Farro all'Amatriciana

8 adagot készít

A Farro-t általában levesekben vagy salátákban használják, de ebben a római vidékről származó receptben a gabonát klasszikus Amatriciana szósszal párolják, amelyet általában tésztákhoz használnak.

Só

2 csésze farro

¼ csésze olívaolaj

4 uncia pancetta, apróra vágva

1 közepes hagyma

½ csésze száraz fehérbor

1½ csésze hámozott, kimagozott és apróra vágott friss paradicsom, vagy lecsepegtetett és apróra vágott konzerv paradicsom

½ csésze frissen reszelt Pecorino Romano

1. Forraljon fel 6 csésze vizet. Sózzuk ízlés szerint, majd a farrot. Csökkentse a hőt lassú tűzre, és főzzük 15-30 percig, amíg a farro puha, de még mindig rágós nem lesz. (A főzési idő változhat; 15 perc után kezdje el kóstolni.) Jól leszűrjük.

2. Közepes serpenyőben az olajat, a pancettát és a hagymát közepes lángon, gyakran kevergetve, körülbelül 10 perc alatt aranybarnára sütjük. Adjuk hozzá a bort és forraljuk fel. Hozzáadjuk a paradicsomot és a farrot. Forraljuk fel, és főzzük, amíg a farro fel nem szívja a szósz egy részét, körülbelül 10 percig. Adjon hozzá egy kevés vizet, ha szükséges, hogy megakadályozza a ragadást.

3. Levesszük a tűzről. Adjuk hozzá a sajtot és jól keverjük össze. Azonnal tálaljuk.

Farro, paradicsom és sajt

Grano, Pomodori és Cacio

6 adagot készít

A búzabogyókat, az emmert, a kamutot vagy más hasonló gabonákat így főzhetjük meg, ha nem találunk farrot. Ne tegyünk túl sok sót a gabonához, mert a ricotta saláta sós lehet. Ha nem áll rendelkezésre, helyettesítse Pecorino Romano-val. Ez a recept a déli Pugliából származik.

Só

1 1/2 csésze farro

2 evőkanál olívaolaj

1 kis hagyma, apróra vágva

8 uncia apróra vágott paradicsom

4 uncia ricotta saláta, durvára reszelve

1. Forraljon fel 6 csésze vizet. Sózzuk ízlés szerint, majd a farrot. Csökkentse a hőt lassú tűzre, és főzze, amíg a farro megpuhul, 15-30 percig. (A főzési idő változhat; 15 perc után kezdje el kóstolni.) Jól leszűrjük.

2. Öntsük az olajat egy közepes serpenyőbe. Adjuk hozzá a hagymát, és főzzük gyakran kevergetve, amíg a hagyma aranybarna nem lesz, körülbelül 10 percig. Adjuk hozzá a paradicsomot és ízlés szerint sózzuk. Addig főzzük, amíg kissé besűrűsödik, körülbelül 10 percig.

3. A lecsepegtetett farrot a paradicsomszószhoz keverjük. Adjuk hozzá a sajtot és jól keverjük össze. Forrón tálaljuk.

Garnéla és árpa Orzotto

Orzotto di Gamberi

4 adagot készít

Bár az Egyesült Államokban a legtöbb ember az orzót egy apró, mag alakú tésztának gondolja, az orzo olaszul „árpát" jelent. Az északi Friuli–Venezia Giuliában az árpát rizottóhoz hasonlóan főzik, az elkészült ételt pedig orzotto-nak hívják.

3 csésze Tyúkhúsleves, zöldségleves vagy víz

2 evőkanál sótlan vaj

1 evőkanál olívaolaj

1 kis hagyma, apróra vágva

1 kis sárgarépa, apróra vágva

½ csésze finomra vágott zeller

1 gerezd fokhagyma, felaprítva

6 uncia (2/3 csésze) gyöngy árpa, leöblítve és lecsepegtetve

Só és frissen őrölt fekete bors

8 uncia garnélarák, kifejtve és kifejtve

2 evőkanál apróra vágott friss lapos petrezselyem

1. Ha szükséges, elkészítjük a húslevest. Egy közepes lábosban olvasszuk fel a vajat az olajjal közepes lángon. Adjuk hozzá a hagymát, a sárgarépát, a zellert és a fokhagymát, és főzzük aranybarnára, körülbelül 10 percig.

2. Adjuk hozzá az árpát a serpenyőben lévő zöldségekhez, és jól keverjük össze. Adjuk hozzá a húslevest, 1 teáskanál sót és borsot ízlés szerint. Forraljuk fel, és csökkentsük a hőt. Fedjük le, és időnként megkeverve főzzük 30-40 percig, vagy amíg az árpa megpuhul. Adjunk hozzá egy kevés vizet, ha a keverék megszárad.

3. Közben a garnélát apróra vágjuk, és a petrezselymet és a petrezselymet az árpa keverékhez keverjük. Addig főzzük, amíg a garnélarák rózsaszínű nem lesz, 2-3 percig. Kóstolja meg és állítsa be a fűszerezést. Azonnal tálaljuk.

Árpa és zöldség Orzotto

Orzotto di Verdure

4 adagot készít

Az apró zöldségeket árpával főzzük ehhez az orzottóhoz. Köretként vagy első fogásként tálaljuk.

4 csésze Húsleves vagy Tyúkhúsleves

4 evőkanál sótlan vaj

1 kis hagyma, apróra vágva

1 csésze árpagyöngy, leöblítjük és lecsepegtetjük

½ csésze friss vagy fagyasztott borsó

½ csésze apróra vágott gomba, bármilyen

¼ csésze finomra vágott piros kaliforniai paprika

¼ csésze finomra vágott zeller

Só és frissen őrölt fekete bors

¼ csésze frissen reszelt Parmigiano-Reggiano

1. Ha szükséges, elkészítjük a húslevest. Egy nagy serpenyőben olvassz fel 3 evőkanál vajat közepes lángon. Hozzáadjuk a hagymát, és gyakran kevergetve aranybarnára sütjük, körülbelül 10 perc alatt.

2. Adjuk hozzá az árpát és jól keverjük össze. Keverjük hozzá a borsó, a gomba, a kaliforniai paprika és a zeller felét, és főzzük 2 percig, vagy amíg megfonnyad. Adjuk hozzá a levest, és forraljuk fel. Fedjük le és főzzük 20 percig.

3. Hozzákeverjük a maradék zöldségeket, ízlés szerint sózzuk, borsozzuk. Fedő nélkül főzzük még 10 percig, vagy amíg a folyadék elpárolog, és az árpa megpuhul. Levesszük a tűzről.

4. Hozzákeverjük a maradék evőkanál vajat és a sajtot. Azonnal tálaljuk.

Prosciutto és tojás

Uova al Prosciutto

2 adagot készít

Egy barátom, akivel Olaszországban utaztam, magas fehérjetartalmú étrendet tartott. Megszokta, hogy reggelire egy tányér prosciuttót rendel. A toszkániai Montepulciano egyik kis fogadójában a házigazda megkérdezte, szeretne-e tojást enni a sonka mellé. A barátom igent mondott, és arra számított, hogy kap egy pár főtt tojást. Ehelyett egy kis idő múlva kijött a szakács egy saját serpenyővel, amelyet serpenyős prosciutóval és napfényes tojással töltöttek meg. Annyira jó volt az illata és nézett ki, hogy hamarosan mindenki ugyanazt rendelte az ebédlőben, a zaklatott szakács legnagyobb megdöbbenésére.

Ez egy tökéletes módja annak, hogy elhasználd a próbát, amely kissé megszáradt a szélein. Tálaljuk a tojást prosciuttóval villásreggelihez vajas spárgával és sült paradicsommal.

1 evőkanál sótlan vaj

4-6 vékony szelet importált olasz prosciutto

4 nagy tojás

Só és frissen őrölt fekete bors

1. Egy 9 hüvelykes tapadásmentes serpenyőben olvasszuk fel a vajat közepesen alacsony lángon.

2. Helyezze a prosciutto szeleteket a serpenyőbe, kissé átfedve. Törjük fel egyenként a tojásokat egy csészébe, majd csúsztassuk a tojásokat a prosciuttora. Sózzuk, borsozzuk.

3. Fedjük le, és lassú tűzön főzzük, amíg a tojás ízlés szerint meg nem puhul, körülbelül 2-3 percig. Forrón tálaljuk.

Sült spárga tojással

Milánói spárga

2-4 adagot tesz ki

Egy újságíró megkérdezte egyszer, mit eszek vacsorára, amikor magamnak főzök. Anélkül, hogy sokat gondolkodtam volna, spárgát válaszoltam tojással és Parmigianóval – amit az olaszok milánói stílusnak neveznek. Ez nagyon jó, de mégis olyan egyszerű. Ez az én ötletem a kényelmes ételekről.

1 kiló spárga

Só

3 evőkanál sótlan vaj

Frissen őrölt fekete bors

1/2 csésze frissen reszelt Parmigiano-Reggiano

4 nagy tojás

1. Vágja le a spárga alját azon a ponton, ahol a szár fehérről zöldre változik. Forraljunk fel körülbelül 2 hüvelyk vizet egy nagy serpenyőben. Adjuk hozzá a spárgát és ízlés szerint sózzuk. Addig főzzük, amíg a spárga kissé meg nem hajlik, amikor

felemeli a szár végéről, körülbelül 4-8 percig. A főzési idő a spárga vastagságától függ. A spárgát csipesszel áttesszük egy szűrőbe. Lecsepegtetjük, majd szárazra töröljük őket.

2. Helyezzen egy rácsot a sütő közepére. Melegítse elő a sütőt 450°F-ra. Vajazz ki egy nagy tepsit.

3. A tepsiben egymás mellé helyezzük a spárgákat, kissé átfedve őket. Megkenjük 1 evőkanál vajjal, megszórjuk borssal és a sajttal.

4. Süssük 15 percig, vagy amíg a sajt megolvad és aranybarna lesz.

5. Egy nagy, tapadásmentes serpenyőben közepes lángon olvasszuk fel a maradék 2 evőkanál vajat. Amikor a vajhab leáll, törjünk egy tojást egy csészébe, majd óvatosan csúsztassuk a serpenyőbe. Ismételje meg a többi tojással. Megszórjuk sóval, és addig főzzük, amíg a tojás ízlés szerint meg nem puhul, körülbelül 2-3 percig.

6. Osszuk el a spárgát a tányérok között. Helyezze a tojásokat a tetejére. A tetejére kanalazzuk az edénylevet, és forrón tálaljuk.

Tojás a purgatóriumban

Uova a Purgatóriumban

4 adagot készít

Amikor felnőttem, a péntek esti vacsora nálunk mindig húsmentes étkezés volt. Étkezéseink a nápolyi konyhán alapultak. A vacsora általában pasta e fagioli-ból (tészta és bab), tonhal salátából, vagy ezekből a fűszeres paradicsomszószban főtt finom tojásokból állt, innen ered a bájos Eggs in Purgatórium elnevezés. Ez egy tökéletes étel, ha nincs sok a kamrában, és valami meleget és gyorsat szeretne. A ropogós kenyér elengedhetetlen kísérője.

2 evőkanál olívaolaj

¼ csésze apróra vágott hagyma

2 csésze hámozott paradicsomkonzerv, apróra vágva

4 friss bazsalikom levél darabokra tépve, vagy egy csipet szárított oregánó

csipet őrölt pirospaprika (peperoncino)

Só

8 nagy tojás

1. Egy közepes serpenyőbe öntjük az olajat. Hozzáadjuk a hagymát, és közepes lángon kevergetve puhára és aranybarnára sütjük, körülbelül 10 perc alatt. Adjuk hozzá a paradicsomot, a bazsalikomot, a pirospaprikát és ízlés szerint sózzuk. Forraljuk fel, és főzzük 15 percig, vagy amíg besűrűsödik.

2. Törj egy tojást egy kis csészébe. Egy kanál segítségével mélyedést készítünk a paradicsomszószban. Csúsztassa a tojást a szószba. Folytassa a maradék tojással.

3. Fedjük le a serpenyőt, és főzzük 2-3 percig, amíg a tojás ízlés szerint meg nem puhul. Forrón tálaljuk.

Tojás paradicsomszószban, Marches stílusban

Uova Brodettóban

2 adagot készít

Joe nagybátyámnak, akinek családja az Olaszország keleti partján fekvő Marche régióból származott, különleges módja volt a paradicsomszószos tojásfőzésnek. A receptje, bár hasonló <u>Tojás a purgatóriumban</u>, *csipetnyi ecetet tartalmaz a csípős ízért.*

1 kis hagyma, nagyon apróra vágva

1 evőkanál friss lapos petrezselyem, nagyon apróra vágva

2 evőkanál olívaolaj

1 1/2 csésze hámozott, kimagozott és apróra vágott friss paradicsom vagy lecsepegtetett és apróra vágott konzerv paradicsom

1-2 evőkanál fehérborecet

Só és frissen őrölt fekete bors

4 nagy tojás

1. Egy 9 hüvelykes tapadásmentes serpenyőben keverjük össze a hagymát, a petrezselymet és az olajat, és közepes lángon,

időnként megkeverve főzzük, amíg a hagyma megpuhul és aranyszínű lesz, körülbelül 10 percig.

2. Keverje hozzá a paradicsomot, ecetet, sót, borsot ízlés szerint. Főzzük 10 percig, vagy amíg a szósz besűrűsödik.

3. Törj egy tojást egy kis csészébe. Egy kanál segítségével mélyedést készítünk a szószban. Óvatosan beledobjuk a tojást. Ismételje meg a többi tojással. Sózzuk, borsozzuk. Fedjük le, és főzzük, amíg a tojás ízlés szerint meg nem puhul, 2-3 percig. Forrón tálaljuk.

Piemonti stílusú tojás

Uova al Cirighet

4 adagot készít

Piemontban számos ételt fokhagymával és ecettel kihegyezett szardella ízesítenek. Itt a tojás megkapja ezt a pikáns, ízes kezelést.

4 evőkanál olívaolaj

4 szardella filé lecsepegtetve és apróra vágva

2 evőkanál apróra vágott friss lapos petrezselyem

2 evőkanál kapribogyó, leöblítjük és lecsepegtetjük

2 gerezd fokhagyma, nagyon apróra vágva

2 zsályalevél, apróra vágva

Csipet őrölt pirospaprika

1 evőkanál vörösbor ecet

1-2 teáskanál friss citromlé

2 evőkanál sótlan vaj

8 nagy tojás

Só

1. Egy közepes serpenyőben keverje össze az olajat, a szardellat, a petrezselymet, a kapribogyót, a fokhagymát, a zsályát és a törött pirospaprikát. Főzzük közepes lángon, gyakran kevergetve, amíg a szardella fel nem oldódik, 4-5 percig. Keverjük hozzá az ecetet és a citromlevet. Főzzük még 1 percig.

2. Egy nagy, tapadásmentes serpenyőben olvasszuk fel a vajat közepes lángon. Amikor a vajhab leáll, óvatosan csúsztassuk a tojásokat a serpenyőbe. Megszórjuk sóval, és 2-3 percig főzzük, vagy amíg a tojás ízlés szerint megpuhul.

3. A szószt a tojásokra kanalazzuk. Azonnal tálaljuk.

Firenzei tojás

Uova alla Fiorentina

4 adagot készít

A firenzei tojást gyakran készítik az Egyesült Államokban vajjal és gazdag hollandi szósszal. Ez egy Firenzében használt verzió. Vaj helyett a spenótot fokhagymával és olívaolajjal főzzük, a tojások tetejére pedig elég egy enyhe Parmigiano szórással. Sokkal könnyedebb készítmény, ideális egy hétköznapi villásreggelihez.

3 kiló spenót, kemény szárát eltávolítjuk

Só

2 evőkanál olívaolaj

1 gerezd fokhagyma, finomra vágva

Frissen őrölt fekete bors

8 tojás

2 evőkanál frissen reszelt Parmigiano-Reggiano

1. Mossa meg a spenótot többször hideg vízben. Tegye a spenótot, 1/2 csésze vizet és egy csipet sót egy nagy fazékba. Fedjük le az

edényt, és kapcsoljuk közepesre a hőt. Főzzük 5 percig, vagy amíg a spenót megfonnyad és megpuhul. A spenótot lecsepegtetjük és a felesleges vizet kinyomjuk.

2. Öntsük az olajat egy nagy serpenyőbe. Adjuk hozzá a fokhagymát, és süssük aranybarnára, körülbelül 2 percig.

3. Hozzákeverjük a spenótot és ízlés szerint sózzuk, borsozzuk. Főzzük, időnként megkeverve, amíg át nem melegszik, körülbelül 2 percig.

4. Törj egy tojást egy kis csészébe. Egy kanál segítségével mélyedést készítünk a spenótban. Csúsztassa a tojást a mélyedésbe. Ismételje meg a többi tojással.

5. A tojásokat megszórjuk sóval, borssal és a sajttal. Fedjük le a serpenyőt, és főzzük 2-3 percig, vagy amíg a tojás ízlés szerint meg nem áll. Forrón tálaljuk.

Sült tojás burgonyával és sajttal

Uova al Forno

4 adagot készít

A nápolyi kényelem a legjobb módja annak, hogy jellemezzem ezt a burgonyából, sajtból és tojásból álló rakott rakott ételt, amelyet édesanyám gyerekkoromban gyakran készített nekem.

1 font univerzális burgonya, például Yukon arany

Só

1 evőkanál sótlan vaj

8 uncia friss mozzarella, szeletelve

4 nagy tojás

Frissen őrölt fekete bors

2 evőkanál Parmigiano-Reggiano

1. A burgonyát meghámozzuk és meghámozzuk. Vágja őket 1/4 hüvelyk vastag szeletekre. Helyezzük a burgonyát egy közepes lábosba, hideg vízzel, hogy ellepje, és ízlés szerint sózzuk. Fedjük le és pároljuk. Körülbelül 10 percig főzzük, amíg a burgonya meg

nem puhul, amikor villával megszúrjuk. A burgonyát lecsepegtetjük és kissé lehűtjük.

2. Helyezzen egy rácsot a sütő közepére. Melegítsük elő a sütőt 400°F-ra. Kenje meg vajjal egy 9 hüvelykes, négyzet alakú sütőedény alját és oldalát. Rendezzük el a burgonyaszeleteket a serpenyőben, kissé átfedve őket. Helyezze a sajtszeleteket a burgonya tetejére. Törjük fel a tojásokat egy kis csészébe, majd csúsztassuk a sajt tetejére a serpenyőbe. Megszórjuk sóval, borssal és a reszelt Parmigiano-Reggiano-val.

3. Addig sütjük, amíg a tojás ízlés szerint meg nem puhul, körülbelül 15 percig. Forrón tálaljuk.

Paprika és tojás

Peperoni e le Uova

4 adagot készít

A pirított paprika vagy a rántottával kiegészített burgonya jó villásreggelihez grillkolbász mellé, vagy ropogós olasz kenyérszeletekre töltve tálaljuk klasszikus hősszendvicsekhez.

¼ csésze olívaolaj

2 közepes piros kaliforniai paprika, falatnyi darabokra vágva

1 közepes zöld kaliforniai paprika, falatnyi darabokra vágva

1 kis hagyma, vékonyra szeletelve

Só

8 nagy tojás

¼ csésze frissen reszelt Parmigiano-Reggiano

Frissen őrölt fekete bors

1. Egy 9 hüvelykes tapadásmentes serpenyőben melegítse fel az olajat közepes lángon. Adjuk hozzá a paprikát, a hagymát és a sót

ízlés szerint. Főzzük gyakran kevergetve, amíg a paprika megpirul, körülbelül 20 percig. Fedjük le és főzzük még 5 percig, vagy amíg a paprika nagyon puha nem lesz.

2. Egy közepes tálban verjük fel a tojásokat a sajttal, és ízlés szerint sózzuk és őrölt borssal. A tojásokat ráöntjük a paprikára, és rövid ideig hagyjuk dermedni. Lapáttal vagy kanállal forgassuk meg a paprikát és a tojást, hogy a főtt tojás elérje a serpenyő felületét. Hagyja a tojásokat megdermedni, majd keverje újra. Ismételje meg a keverést és a főzést, amíg a tojás ízlés szerint meg nem áll, körülbelül 2-3 percig. Forrón tálaljuk.

Burgonya és tojás

Patate con le Uuova

4 adagot készít

A tojásrántottás burgonya klasszikus kombinációja Dél-Olaszországban. Egy apró, vékonyra szeletelt kaliforniai paprikát vagy hagymát – vagy mindkettőt – tetszés szerint a burgonyával együtt megsüthetjük. Villásreggelihez kolbásszal tálaljuk, vagy a burgonyát és a tojást olasz kenyérbe töltjük hősszendvicsnek.

¼ csésze olívaolaj

4 viaszos újburgonya, meghámozva és 1/4 hüvelykes szeletekre vágva

Só

8 nagy tojás

Frissen őrölt fekete bors

1. Egy 9 hüvelykes tapadásmentes serpenyőben melegítse fel az olajat közepes lángon. A burgonyaszeleteket szárítsa meg, és tegye a serpenyőbe. Főzzük a darabokat gyakran forgatva, amíg a burgonya megpirul és megpuhul, körülbelül 10 percig. Megszórjuk sóval.

2. Egy közepes tálban verjük fel a tojásokat ízlés szerint sóval és borssal. Öntsük a tojásokat a serpenyőbe, és hagyjuk rövid ideig dermedni. A burgonyát és a tojást egy spatulával vagy kanállal fordítsa meg, hogy a főtt tojás elérje a serpenyő felületét. Hagyja a tojásokat megdermedni, majd keverje újra. Ismételje meg a keverést és a főzést, amíg a tojás ízlés szerint meg nem áll, körülbelül 2-3 percig. Forrón tálaljuk.

Gomba és tojás rántotta

Uova con Funghi

4 adagot készít

Könnyű vacsorához vagy villásreggelihez jó a gombával rántott tojás. A fehér gombák finomak, de a vadon élő gombák nagyszerű földes ízt adnak.

3 evőkanál sótlan vaj

1 kis hagyma, apróra vágva

2 csésze szeletelt gomba

Só és frissen őrölt fekete bors

8 nagy tojás

1. Egy 9 hüvelykes tapadásmentes serpenyőben olvasszuk fel a vajat közepes lángon. Adjuk hozzá a hagymát, a gombát, és ízlés szerint sózzuk, borsozzuk. Főzzük, időnként megkeverve, amíg a gomba enyhén megpirul, körülbelül 10 percig.

2. Egy közepes tálban verjük fel a tojásokat ízlés szerint sóval és borssal. A tojásokat ráöntjük a zöldségekre, és rövid ideig

hagyjuk dermedni. A gombát és a tojást egy spatulával vagy kanállal fordítsa meg, hogy a főtt tojás elérje a serpenyő felületét. Hagyja a tojásokat megdermedni, majd keverje újra. Ismételje meg a keverést és a főzést, amíg a tojás ízlés szerint meg nem áll, körülbelül 2-3 percig. Forrón tálaljuk.

Hagyma és rukkola Frittata

Frittata di Cipolle e Rughetta

4 adagot készít

Egy nap meglátogatta anyám egyik régi barátja a szicíliai Palermóból. Zia Millie néven ismertük, bár valójában nem volt nagynéni. Felajánlotta, hogy készít egy salátát az étkezésünkhöz, és megkérdezte, van-e enyhe hagymám, például vörös vagy fehér fajta. Csak a sárgahagymám volt, amit általában főzéshez használok, de azt mondta, az jó lesz. Vékonyra szeletelt egy hagymát, és többször hideg vízbe áztatta, ami eltávolította az erős nedvet. Mire elfogyasztottuk a salátát, a hagyma olyan édes volt, mint bármelyik enyhébb fajta. Gyakran használom ezt a módszert, amikor finom hagymás ízre vágyom.

Ezt a pugliai frittatát hagymával és rukkolával ízesítik. Cserélje ki vízitormát vagy spenótlevelet, ha nincs rukkola.

2 közepes hagyma, vékonyra szeletelve

3 evőkanál olívaolaj

1 nagy csokor rukkola, kemény szárai eltávolítva, falatnyi darabokra tépve (kb. 2 csésze)

8 nagy tojás

¼ csésze frissen reszelt Parmigiano-Reggiano

Só és frissen őrölt fekete bors

1. Helyezzük a hagymát egy tálba hideg vízzel, hogy ellepje. Hagyjuk állni 1 órát, a vizet egyszer-kétszer cseréljük, amíg a hagyma édes ízű lesz. Lecsepegtetjük és szárítjuk.

2. Öntse az olajat egy 9 hüvelykes tapadásmentes serpenyőbe. Adjuk hozzá a hagymát. Közepes lángon, időnként megkeverve addig főzzük, amíg a hagyma megpuhul és aranybarna, körülbelül 10 percig. Keverje hozzá a rukkolát, amíg meg nem fonnyad, körülbelül 1 percig.

3. 3 Egy közepes tálban keverjük össze a tojást, a sajtot, és ízlés szerint sózzuk és borsozzuk. Öntsük a tojásokat a serpenyőben lévő zöldségekre, és csökkentsük a hőt. Fedjük le, és főzzük addig, amíg a tojások meg nem puhulnak, de a közepén még nedvesek, és a frittata alja enyhén megpirul, körülbelül 5-10 percig.

4. Egy spatula segítségével csúsztassa a frittatát egy tányérra. Fordítsa meg a serpenyőt a tányérra, és gyorsan fordítsa meg a tányért és a serpenyőt is úgy, hogy a frittata a főtt felével felfelé

kerüljön vissza a serpenyőbe. Addig főzzük, amíg a közepén meg nem áll, körülbelül 5 percig. Vagy, ha nem szeretné megfordítani, csúsztassa a serpenyőt a broiler alá 3-5 percre, vagy amíg a tojás meg nem puhul.

5.Csúsztassa a frittatát egy tálra, és vágja szeletekre. Forrón vagy szobahőmérsékleten tálaljuk.

Cukkini és bazsalikom Frittata

Frittata di Zucchine

4 adagot készít

Anyám cukkinit termesztett a mi kis brooklyni hátsó udvarunkban. A szezon csúcsán olyan gyorsan nőttek, hogy alig tudtuk elég gyorsan használni őket. Édesanyám ekkor készítette ezt az egyszerű frittatát, amit mi friss paradicsomsalátával fogyasztunk. A házi cukkini nem nagyobb, mint egy hot dog, enyhe és ízletes volt, apró magvakkal és vékony héjjal.

3 evőkanál olívaolaj

2-3 kis cukkini (kb. 1 font), megdörzsölve és felszeletelve

8 nagy tojás

¼ csésze frissen reszelt Parmigiano-Reggiano

6 friss bazsalikomlevél, egymásra rakva és vékony szalagokra szeletelve

Só és frissen őrölt fekete bors

1. Egy 9 hüvelykes tapadásmentes serpenyőben hevítsük fel az olajat közepesen magas lángon. Hozzáadjuk a cukkinit, és időnként megforgatva főzzük, amíg a cukkini szépen megpirul, körülbelül 12 percig.

2. Egy nagy tálban verjük fel a tojást, a sajtot, a bazsalikomot, és ízlés szerint sózzuk, borsozzuk. Csökkentse a hőt közepesre. A keveréket a cukkinire öntjük. Emelje fel a frittata széleit, amikor megszilárdul, hogy a nyers tojás elérje a serpenyő felületét. Körülbelül 5-10 percig főzzük, amíg a tojások éppen megpuhulnak, de a közepén még nedvesek, a frittata pedig enyhén megpirul az alján.

3. Csúsztassa a frittatát egy tányérra, majd fordítsa meg a serpenyőt a tányérra. Gyorsan fordítsa meg a tányért és a serpenyőt is, hogy a frittata oldalával felfelé süljön. Addig főzzük, amíg a közepén meg nem áll, körülbelül 5 percig. Vagy, ha nem szeretné megfordítani, csúsztassa a serpenyőt a broiler alá 3-5 percre, vagy amíg ízlés szerint meg nem áll. Forrón vagy szobahőmérsékleten tálaljuk.

4. Csúsztassa a frittatát egy tálra, és vágja szeletekre. Forrón vagy hűtőben tálaljuk és hidegen tálaljuk.

Százfüves Frittata

Frittata con Cento Erbe

4 adagot készít

Bár általában csak öt-hat fűszernövényt használok ebben a Friuli–Venezia Giulia frittatában, a név azt sugallja, hogy a lehetőségek sokkal nagyobbak, és bármilyen friss fűszernövényt használhat. A friss petrezselyem nélkülözhetetlen, de ha az egyetlen kéznél lévő fűszernövény megszáradt, csak egy csipetnyit használjon, különben az ízük elsöprő lesz.

8 nagy tojás

1/4 csésze frissen reszelt Parmigiano-Reggiano

2 evőkanál finomra vágott friss lapos petrezselyem

2 evőkanál finomra vágott friss bazsalikom

1 evőkanál apróra vágott friss metélőhagyma

1 teáskanál apróra vágott friss tárkony

1 teáskanál finomra vágott friss kakukkfű

Só és frissen őrölt fekete bors

2 evőkanál olívaolaj

1. Egy nagy tálban verjük fel a tojást, a sajtot, a fűszernövényeket, és ízlés szerint sózzuk és borsozzuk, amíg jól össze nem keveredik.

2. Egy 9 hüvelykes tapadásmentes serpenyőben melegítse fel az olajat közepes lángon. Öntsük a tojásos keveréket a serpenyőbe. Emelje fel a frittata széleit, amikor megszilárdul, hogy a nyers tojás elérje a serpenyő felületét. Körülbelül 5-10 percig főzzük, amíg a tojások éppen megpuhulnak, de a közepén még nedvesek, a frittata pedig enyhén megpirul az alján.

3. Csúsztassa a frittatát egy tányérra, majd fordítsa meg a serpenyőt a tányérra. Gyorsan fordítsa meg a tányért és a serpenyőt is, hogy a frittata oldalával felfelé süljön. Addig főzzük, amíg a közepén meg nem áll, körülbelül 5 percig. Vagy, ha nem szeretné megfordítani, csúsztassa a serpenyőt a broiler alá 3-5 percre, vagy amíg ízlés szerint meg nem áll. Forrón vagy szobahőmérsékleten tálaljuk.

Spenót Frittata

Frittata di Spinaci

4 adagot készít

Spenót, escarole, mángold vagy más zöldek használhatók ehhez a frittatához. Párolt gombával és szeletelt paradicsommal tálaljuk.

1 kiló friss spenót, vágva

¼ csésze víz

Só

8 nagy tojás

¼ csésze kemény tejszín

½ csésze frissen reszelt Parmigiano-Reggiano

2 evőkanál sótlan vaj

1. A spenótot, a vizet és a sót ízlés szerint egy nagy fazékba tesszük. Fedjük le, és közepes lángon főzzük, amíg puha és fonnyad, körülbelül 5 percig. Jól lecsepegtetjük. Hagyjuk kissé kihűlni. Helyezze a spenótot egy konyharuhába, és nyomja össze, hogy a folyadékot kiszívja.

2. Egy nagy tálban verjük fel a tojást, a tejszínt, a sajtot, és ízlés szerint sózzuk, borsozzuk. Belekeverjük a spenótot.

3. Egy 9 hüvelykes tapadásmentes serpenyőben olvasszuk fel a vajat közepes lángon. Öntse a keveréket a serpenyőbe. Emelje fel a frittata széleit, amikor megszilárdul, hogy a nyers tojás elérje a serpenyő felületét. Körülbelül 5-10 percig főzzük, amíg a tojások éppen megpuhulnak, de a közepén még nedvesek, a frittata pedig enyhén megpirul az alján.

4. Csúsztassa a frittatát egy tányérra, majd fordítsa meg a serpenyőt a tányérra. Gyorsan fordítsa meg a tányért és a serpenyőt is, hogy a frittata oldalával felfelé süljön meg. Addig főzzük, amíg meg nem áll a közepén, még körülbelül 5 percig. Vagy, ha nem szeretné megfordítani, csúsztassa a serpenyőt a broiler alá 3-5 percre, vagy amíg ízlés szerint meg nem áll. Forrón vagy szobahőmérsékleten tálaljuk.

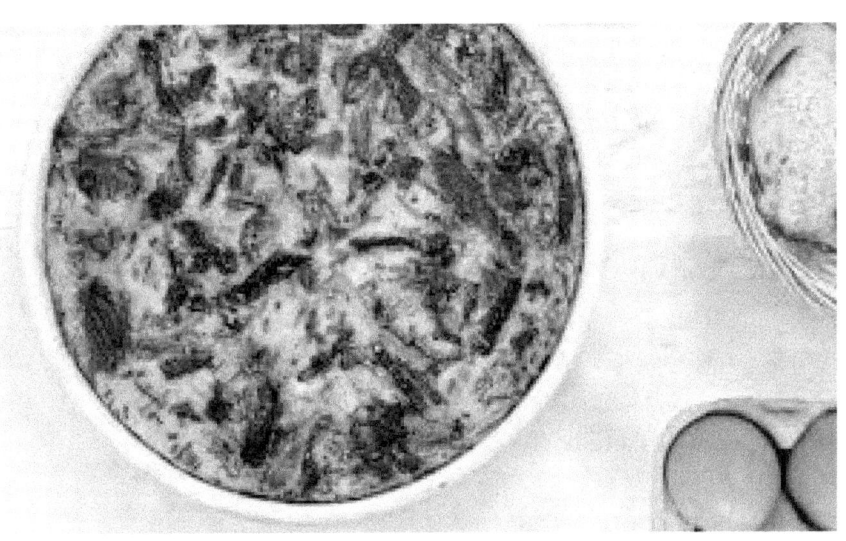

Gomba és Fontina Frittata

Frittata di Funghi és Fontina

4 adagot készít

Az eredeti Fontina Valle d'Aosta fás, gombás illatú, és bármilyen gombás ételhez jól illik. Használjon erdei gombát, ha jobban szereti a fehér helyett.

3 evőkanál sótlan vaj

8 uncia gomba, felezve vagy negyedelve, ha nagy

Só és frissen őrölt fekete bors

8 nagy tojás

2 evőkanál apróra vágott friss lapos petrezselyem

4 uncia Fontina Valle d'Aosta, szeletekre vágva

1. Egy 9 hüvelykes tapadásmentes serpenyőben olvasszuk fel a vajat közepes lángon. Adjuk hozzá a gombát és ízlés szerint sózzuk, borsozzuk. Főzzük gyakran kevergetve, amíg a gomba enyhén megpirul, körülbelül 10 percig.

2. Egy nagy tálban verjük fel a tojásokat a petrezselyemmel és ízlés szerint sózzuk, borsozzuk. Csökkentse a hőt közepesre. Öntsük a keveréket a gombára. Emelje fel a frittata széleit, amikor megszilárdul, hogy a nyers tojás elérje a serpenyő felületét. Fedjük le, és főzzük addig, amíg a tojások meg nem puhulnak, de a közepén még nedvesek, és a frittata alja enyhén megpirul, körülbelül 5-10 percig.

3. A tetejére helyezzük a sajtszeleteket. Csúsztassa a serpenyőt a broiler alá, és főzze 1-3 percig, vagy amíg a sajt elolvad, és a tojás ízlés szerint meg nem puhul. Vagy ha úgy tetszik, fedje le a serpenyőt, és főzze 3-5 percig, amíg a sajt megolvad, és a tojás ízlés szerint meg nem puhul.

4. Csúsztassa a frittatát egy tálra. Forrón tálaljuk.

Nápolyi Spagetti Frittata

Frittata di Spagetti

6 adagot készít

Néhány évvel ezelőtt egy családi összejövetelen egy távoli rokon beszélt kedvenc receptjeiről. Leírt egy lapos, aranyszínű tészta tortát húsokkal és sajtokkal, amit a gyerekei állandóan kértek. Felírtam az utasításait, és otthon kipróbáltam. Olyan jó volt, ahogy mondta, és azóta megtudtam, hogy ez egy hagyományos nápolyi recept. Bár csak ehhez az ételhez lehet spagettit készíteni, hagyományosan maradékból készítik.

8 nagy tojás

½ csésze frissen reszelt Parmigiano-Reggiano vagy Pecorino Romano

Só és frissen őrölt fekete bors

12 uncia spagetti vagy más tészta, főzve és lecsepegtetve

4 uncia szeletelt szalámi, importált olasz prosciutto vagy sonka keskeny csíkokra vágva

2 evőkanál olívaolaj

8 uncia mozzarella, vékonyra szeletelve

1. Egy nagy tálban verjük fel a tojást, a sajtot, és ízlés szerint sózzuk, borsozzuk. Belekeverjük a spagettit és a szalámit.

2. Egy 9 hüvelykes tapadásmentes serpenyőben melegítse fel az olajat közepes lángon. Adjuk hozzá a spagetti keverék felét. Fedjük be a sajtszeletekkel. A maradék tésztát a sajtra öntjük.

3. Csökkentse a hőt alacsonyra. Főzzük meg a spagettit, időnként elsimítjuk a felületét, hogy a tészta összeragadjon és tortát formázzon. Körülbelül 5 perc múlva csúsztasson egy spatulát a serpenyő pereme köré, és óvatosan emelje fel a tortát, hogy megbizonyosodjon arról, hogy nem ragad. 15-20 percig főzzük, amíg a tojás megpuhul, és a frittata alja enyhén megpirul.

4. Csúsztassa a frittatát egy tányérra, majd fordítsa meg a serpenyőt a tányérra. Gyorsan fordítsa meg a tányért és a serpenyőt is, hogy a frittata oldalával felfelé süljön. Addig főzzük, amíg a közepén meg nem áll, körülbelül 5 percig. Vagy, ha nem szeretné megfordítani, csúsztassa a serpenyőt a broiler alá 3-5 percre, vagy amíg ízlés szerint meg nem áll. Forrón vagy szobahőmérsékleten tálaljuk.

Frittata tészta

Frittata di Pasta

4 adagot készít

A maradék tészta újrahasznosítható ebbe a finom frittatába. Nem számít, hogy a tészta sima, vagy paradicsommal, húsmártással vagy zöldségekkel mártott, ez a frittata mindig remekül sikerül. Improvizáljon apróra vágott kolbász, sonka, sajt vagy néhány felvágott főtt zöldség hozzáadásával. A mennyiségek nem igazán fontosak.

6 nagy tojás

½ csésze frissen reszelt Parmigiano-Reggiano

Só és frissen őrölt fekete bors

8 uncia főtt tészta, szósszal vagy anélkül

2 evőkanál olívaolaj

1. Egy nagy tálban keverjük össze a tojást, a sajtot, és ízlés szerint sózzuk, borsozzuk. Belekeverjük a kifőtt tésztát.

2. Egy 9 hüvelykes tapadásmentes serpenyőben melegítse fel az olajat közepes lángon. Adjuk hozzá a tésztát, és nyomkodjuk laposra. Körülbelül 10 percig főzzük, amíg a tojások éppen megpuhulnak, de a közepén még nedvesek, és a frittata alja enyhén megpirul.

3. Csúsztassa a frittatát egy tányérra, majd fordítsa meg a serpenyőt a tányérra. Gyorsan fordítsa meg a tányért és a serpenyőt is, hogy a frittata oldalával felfelé süljön. Addig főzzük, amíg a közepén meg nem áll, körülbelül 5 percig. Vagy, ha nem szeretné megfordítani, csúsztassa a serpenyőt a broiler alá 3-5 percre, vagy amíg ízlés szerint meg nem áll. Forrón vagy szobahőmérsékleten tálaljuk.

Kis Omlett

Frittatine

6 adagot készít

A palacsintához hasonló serpenyőben elkészített miniatűr omlettek jól használhatók az antipasto-választék részeként vagy szendvics töltelékként. Ez a póréhagymával és káposztával készült változat Piemontból származik.

Körülbelül 1/4 csésze olívaolaj

3 csésze finomra vágott káposzta

1 közepes póréhagyma, megvágva és vékonyra szeletelve

6 nagy tojás

1/2 csésze frissen reszelt Parmigiano-Reggiano

1/2 teáskanál só

Frissen őrölt fekete bors

1. Egy 9 hüvelykes tapadásmentes, nehéz serpenyőben melegítsen fel 3 evőkanál olajat közepesen alacsony lángon. Belekeverjük a káposztát és a póréhagymát. Fedjük le a serpenyőt, és időnként

megkeverve főzzük, amíg a káposzta nagyon puha nem lesz, körülbelül 30 percig. Hagyjuk kihűlni.

2. Egy közepes tálban keverjük össze a tojást, a sajtot, és ízlés szerint sózzuk és borsozzuk. Keverjük hozzá a zöldségkeveréket.

3. Enyhén kenjen meg olajjal egy serpenyőt vagy egy nagy, tapadásmentes serpenyőt. Melegítsük közepes lángon.

4. Keverjük össze a tojásos keveréket, és 1/4 csészével kanalazzuk a rácsra úgy, hogy az omletteket körülbelül 4 hüvelyk távolságra helyezzük el egymástól. Egy kanál hátával kissé lapítsuk el. Addig főzzük, amíg a tojás megpuhul, és az omlettek alja barnulni kezd, körülbelül 2 percig. Palacsintaforgatóval megfordítjuk az omletteket, és a másik oldalukat még kb. 1 percig sütjük. Tegye át az omlettet egy tányérra.

5. A maradék omlettet ugyanígy főzzük meg. Forrón vagy szobahőmérsékleten tálaljuk.

Ricotta és cukkini virág Frittata

Frittata di Fiori és Ricotta

4 adagot készít

A cukkini virágai nemcsak szépek, de finomak is enni – amit az olaszok jól tudnak. A helyi termelői piacomon egy szombaton rengeteg cukkini virág volt. Vettem néhányat tölteléknek és sütnivalónak, de még bőven volt maradék, így a maradék virágokkal készítettem el ezt a frittatát. Finom volt és finom; Azóta többször elkészítettem villásreggelire.

Csak ricottával is elkészíthető, ha nincs cukkini virága.

2 evőkanál sótlan vaj

6 cukkini vagy más tökvirág, leöblítve és szárítva

6 nagy tojás, felverve

¼ csésze frissen reszelt Parmigiano-Reggiano

Só és frissen őrölt bors

1 csésze ricotta

1. Egy 9 hüvelykes tapadásmentes serpenyőben olvasszuk fel a vajat közepes lángon. Helyezze a cukkini virágokat a serpenyőbe szélkerekes módon.

2. Egy közepes tálban keverjük össze a tojásokat, a Parmigiano-t, és ízlés szerint sózzuk és borsozzuk. Óvatosan öntse a keveréket a virágokra anélkül, hogy megzavarná őket. Helyezzen egy kanál ricottát a serpenyő köré. Emelje fel a frittata széleit, amikor megszilárdul, hogy a nyers tojás elérje a serpenyő felületét. Körülbelül 5-10 percig főzzük, amíg a tojások éppen megpuhulnak, de a közepén még nedvesek, a frittata pedig enyhén megpirul az alján.

3. Csúsztassa a frittatát egy tányérra, majd fordítsa meg a serpenyőt a tányérra. Gyorsan fordítsa meg a tányért és a serpenyőt is, hogy a frittata oldalával felfelé süljön. Addig főzzük, amíg a közepén meg nem áll, körülbelül 5 percig. Vagy, ha nem szeretné megfordítani, csúsztassa a serpenyőt a broiler alá 3-5 percre, vagy amíg a tojás meg nem ízesül. Forrón vagy szobahőmérsékleten tálaljuk.

Omlett csíkok paradicsomszószban

Fettuccine di Frittata

4 adagot készít

Nincs tészta? Nincs mit. Készíts egy vékony frittatát, és vágd csíkokra, hogy hasonlítson a fettuccine-ra. Bár egész Olaszországban fettuccine di frittata néven ismerik, Rómában ezt az ételt trippe finte-nek, azaz hamis pacalnak hívják, mert a tojáscsíkok így főzve a belsőséghez hasonlítanak. Ebédre vagy vacsorára tálaljuk bármilyen zöld zöldséggel, vagy zöldsalátával.

2 bögreFriss paradicsomszószvagyToszkán paradicsomszósz

8 nagy tojás

¼ csésze frissen reszelt Parmigiano-Reggiano, plusz még a tálaláshoz

1 evőkanál apróra vágott friss lapos petrezselyem

1 teáskanál só

Frissen őrölt fekete bors

2 evőkanál sótlan vaj

1. Ha szükséges, elkészítjük a paradicsomszószt. Ezután tegyen egy rácsot a sütő közepére. Melegítsük elő a sütőt 400°F-ra. Bőségesen kivajazzon egy 13 × 9 × 2 hüvelykes sütőedényt.

2. Egy közepes tálban keverje össze a tojásokat, 1/4 csésze sajtot, petrezselymet, sót és borsot ízlés szerint. Öntse a tojásos keveréket az előkészített tepsibe. Süssük 8-10 percig, vagy amíg a tojások éppen megpuhulnak, és a közepébe szúrt kés tisztán ki nem jön.

3. Fuss körbe egy késsel a serpenyő szélét. A tojásokat vágódeszkára fordítjuk. Vágja az omlettet 1/2 hüvelykes csíkokra.

4. Egy 9 hüvelykes tapadásmentes serpenyőben melegítse a szószt lassú tűzön, amíg fel nem párol. Csúsztassa a tojáscsíkokat a szószba. Óvatosan kevergetve főzzük 2-3 percig. Reszelt sajttal forrón tálaljuk.

Tengeri sügér olíva morzsával

Branzino alle Olive

4 adagot készít

Toszkánában bőségesen nőnek az olajfák. A legtöbb olajbogyót sajtolják, hogy olajat készítsenek, de a szakácsok még mindig rengeteg ízletes olajbogyóval állnak rendelkezésükre. Itt ízesítik a tengeri sügér filé tetejére szórt morzsát.

¾ csésze sima száraz zsemlemorzsa, lehetőleg házilag

⅓ csésze finomra vágott enyhe fekete olajbogyó

1 gerezd fokhagyma, finomra vágva

1 evőkanál apróra vágott friss lapos petrezselyem

1 teáskanál reszelt citromhéj

Só

Frissen őrölt fekete bors

Körülbelül 1/4 csésze olívaolaj

11/2 font tengeri sügér vagy más kemény fehér halfilé, eltávolítva a bőrt

1. Helyezzen egy rácsot a sütő közepére. Melegítse elő a sütőt 450°F-ra. Egy nagy tepsit kiolajozunk.

2. Tedd egy tálba a zsemlemorzsát, olajbogyót, fokhagymát, petrezselymet, citromhéjat, csipet sót és ízlés szerint fekete borsot. Adjuk hozzá az olívaolajat és jól keverjük össze.

3. Rendezzük el a halat a serpenyőben egy rétegben. A filé tetejére halmozzuk a morzsát.

4. Süssük 8-10 percig, a hal vastagságától függően, vagy amíg a morzsa aranybarna nem lesz, és a hal már alig átlátszatlan, ha a legvastagabb részét vágjuk. Azonnal tálaljuk.

Tengeri sügér gombával

Branzino alla Romana

4 adagot készít

Ha ízletes tölteléket teszünk két kicsontozott halfilé közé, jó módja annak, hogy a töltött hal ízét megkapja anélkül, hogy csontokkal kellene foglalkoznia. Bármilyen nagy halfilé felhasználható, például lazac, sügér vagy kékhal. Válasszon ki két hasonló méretű és alakú filét.

4 evőkanál olívaolaj

3 zöldhagyma, apróra vágva

1 gerezd fokhagyma apróra vágva

8 uncia fehér gomba, vágva és apróra vágva

2 szardella filé, apróra vágva

Só és frissen őrölt fekete bors

1/2 csésze száraz fehérbor

2 evőkanál apróra vágott friss lapos petrezselyem

2 evőkanál sima zsemlemorzsa

2 hasonló alakú tengeri sügér, sügér vagy kékhal filé (egyenként kb. 3/4 font), bőrét eltávolítva

1. Helyezzen egy rácsot a sütő közepére. Melegítsük elő a sütőt 400°F-ra. Egy akkora tepsit olajozzon ki olajjal, hogy elférjen benne a halmozott filék.

2. Öntsön 3 evőkanál olajat egy nagy serpenyőbe. Adjuk hozzá a zöldhagymát és a fokhagymát, és közepes lángon főzzük, amíg megpuhul, körülbelül 5 percig. Hozzákeverjük a gombát, a szardellagombát, ízlés szerint sózzuk, borsozzuk. 5 percig főzzük, időnként megkeverve. Adjuk hozzá a bort, és pároljuk 15 percig, vagy amíg a folyadék elpárolog. Levesszük a tűzről, és belekeverjük a petrezselymet és a zsemlemorzsát.

3. Az egyik filét bőrös oldalával lefelé fektessük a serpenyőbe.

4. A gombás keverék körülbelül kétharmadát a serpenyőben lévő filére kenjük. Tegyük rá a második filét bőrös oldalával lefelé, és kenjük rá a maradék gombás keveréket. Meglocsoljuk a maradék evőkanál olajjal.

5. Süssük 15-20 percig, a vastagságtól függően, vagy amíg a hal a legvastagabb részén átvágva már alig átlátszatlan. Forrón tálaljuk.

Turbolya filé olívapasztával és paradicsommal

Rombo con Pasta d'Olive

4 adagot készít

Egy Olaszországból hazahozott nagy üveg fekete olívapaszta és néhány érett paradicsom inspirált, hogy kitaláljam ezt a finom receptet.

1½ font rombuszhal, tengeri sügér vagy más vastag fehér halfilé

2 evőkanál fekete olívapaszta, vagy nagyon apróra vágott enyhe fekete olajbogyó

2 közepes paradicsom, felkockázva

6 friss bazsalikomlevél, feltekerve és keresztben vékony szalagokra szeletelve

1. Helyezzen egy rácsot a sütő közepére. Melegítse elő a sütőt 450°F-ra. Egy akkora tepsit olajozzon ki olajjal, hogy a filéket egy rétegben tartsa.

2. Rendezzük el a filéket a serpenyőben egy rétegben. A filéket megkenjük az olívapasztával. A paradicsomot és a bazsalikomot szórjuk a halra.

3. A vastagságtól függően 8-10 percig sütjük, amíg a hal a legvastagabb részén átvágva már alig átlátszóvá válik. Azonnal tálaljuk.

Sült tőkehal

Merluzzo alla Griglia

4 adagot készít

A vörös snapper, a sügér és a mahi-mahi további jó választás ehhez az alapvető sült halhoz. azzal tálalom<u>Burgonyapüré olajbogyóval és petrezselyemmel</u>és<u>Brokkoli olajjal és citrommal.</u>

1 1/2 kiló friss tőkehalfilé

3 evőkanál olívaolaj

2 evőkanál vörösbor ecet

2 gerezd fokhagyma, vékonyra szeletelve

1 teáskanál szárított oregánó, morzsolva

Só és frissen őrölt fekete bors

2 evőkanál apróra vágott friss lapos petrezselyem

1 citrom szeletekre vágva

1. Melegítsük elő magasra a brojlert. Egy akkora tepsit olajozzon ki olajjal, hogy egy rétegben elférjen benne a hal. Helyezze a halat a serpenyőbe.

2. Keverjük össze az olajat, az ecetet, a fokhagymát, az oregánót, és ízlés szerint sózzuk, borsozzuk. A keveréket ráöntjük a halfilékre. Megszórjuk a petrezselyem felével.

3. Süssük a halat 8-10 percig, a vastagságtól függően, vagy addig, amíg a legvastagabb részén vágva már alig átlátszóvá válik. Megszórjuk a maradék petrezselyemmel. Forrón, citromkarikákkal tálaljuk.

Hal az "őrült vízben"

Pesce az Acqua Pazzában

4 adagot készít

Hogy pontosan miért nevezik őrült víznek ezt a nápolyi halfőzési módot, az nem biztos, de valószínűleg arra a tengervízre utal, amellyel a halászok egykor friss fogásukat főzték. Bár ezt a módszert általában egész hal főzésére használják, szerintem jól működik filével is. Használjon kemény fajtát, amely párolás közben is megtartja alakját.

3 evőkanál olívaolaj

1 gerezd fokhagyma, vékonyra szeletelve

4 szilvaparadicsom félbevágva, kimagozva és apróra vágva

1 evőkanál apróra vágott friss lapos petrezselyem

Csipet őrölt pirospaprika

½ csésze víz

Só ízlés szerint

1½ font kemény halfilé, például tengeri sügér, nagy rombuszhal vagy vörös sügér

1.Öntsük az olívaolajat egy nagy serpenyőbe. Adjuk hozzá a fokhagymát, és közepes lángon főzzük aranybarnára, körülbelül 5 perc alatt. Adjuk hozzá a paradicsomot, a petrezselymet, a pirospaprikát, a vizet és ízlés szerint sózzuk. Forraljuk fel, és főzzük 5 percig.

2.Tegye a halat a serpenyőbe, és kenje meg a szósszal. Fedjük le, és főzzük 5-10 percig, vagy amíg a hal már alig átlátszatlan, ha a legvastagabb részét vágjuk. Forrón tálaljuk.

Kékhal citrommal és mentával

Pesce Azzurro al Limone

4 adagot készít

Mivel magasabb zsírtartalmúak, mint más fajták, a sötét húsú halak, mint például a kékhal, erősebb ízűek. A dél-olaszok ízletes és frissítő pácban főzik meg fokhagymával, mentával és citrommal.

2 nagy gerezd fokhagyma, apróra vágva

3 evőkanál olívaolaj

¼ csésze friss citromlé

½ teáskanál frissen reszelt citromhéj

Só és frissen őrölt fekete bors ízlés szerint

¼ csésze apróra vágott friss menta

1½ kiló kékhal vagy makréla filé

1. Egy sekély tálban keverjük össze a fokhagymát, az olívaolajat, a citrom levét, a héját, valamint a sót és a borsot. Keverje hozzá a mentát. Adja hozzá a halat, és fordítsa meg a filéket, hogy minden oldala bevonja őket. Fedjük le és pácoljuk 1 órát a hűtőben.

2.A brojlert előmelegítjük. Helyezze a halat a broilerserpenyőbe bőrével lefelé. Főzzük úgy, hogy a filéket egyszer meglocsoljuk a páclével, 8-10 percig, a hal vastagságától függően, vagy amíg enyhén megpirulnak és a legvastagabb részükön már alig átlátszatlanok lesznek. Nem kell megfordítani a halat. Forrón tálaljuk.

Borjúhús marsalával és gombával

Scaloppine alla Marsala

4 adagot készít

Egy John Woodhouse nevű angol borkereskedő volt az első, aki előállította a ma ismert Marsala bort. 1773-ban Woodhouse a szicíliai borok stabilizálásának módját keresve, hogy túléljenek egy hosszú tengeri utat vissza Nagy-Britanniába, rájött, hogy a portói, sherry készítéséhez hasonló eljárással tud szeszes italt hozzáadni a borhoz. és Madeira. A szeszezett bor nagy sikert aratott Nagy-Britanniában. Bár manapság kevésbé népszerű ivás, a Marsalát gyakran használják az olasz konyhában. A Marsala száraz és édes fajtái egyaránt rendelkezésre állnak. A száraz marsalák, különösen az érlelt vergine és soleras változatok kiváló minőségű borok, aperitifként sherryként fogyaszthatók. Használja a száraz Marsalát sós ételek elkészítéséhez, mint amilyen ez a klasszikus, és édes Marsalát desszertekhez, mint például a zabaglione.

3 evőkanál sótlan vaj

2 evőkanál olívaolaj

12 uncia gomba, bármilyen fajta, vékonyra szeletelve

Só és frissen őrölt fekete bors

½ csésze univerzális liszt

1 kiló borjúszelet, vékonyra vágva

¾ csésze száraz Marsala

1. Egy nagy serpenyőben közepes lángon olvassz fel 2 evőkanál vajat 1 evőkanál olajjal. Adjuk hozzá a gombát és ízlés szerint sózzuk, borsozzuk. Főzzük gyakran kevergetve, amíg a gomba megpuhul és megpirul, körülbelül 15 percig. Tegye át a gombát egy tányérra.

2. Egy darab viaszpapíron keverjük össze a lisztet és ízlés szerint sózzuk, borsozzuk. A serpenyőbe adjuk hozzá a maradék 1 evőkanál vajat és olajat. Amikor a vaj felolvadt, a szeleteket gyorsan mártsuk a lisztbe, és rázzuk le róla a felesleget. Adja hozzá a borjúdarabok felét a serpenyőbe, és süsse 3-4 percig, amíg az egyik oldaluk megpirul. Forgassuk meg a borjút csipesszel, és süssük barnulásig, körülbelül 3 percig. Tegye a húst egy tálba, és tartsa melegen. Ismételje meg a maradék borjúhússal.

3. Adja hozzá a Marsalát a serpenyőbe. Főzzük fakanállal kevergetve, amíg a szósz enyhén szirupos nem lesz, körülbelül 2 percig.

4. Tegye vissza a borjúhúst és a gombát a serpenyőbe. Főzzük úgy, hogy a borjúhúst a szószban bevonják, amíg át nem melegszik, körülbelül 1 percig. Azonnal tálaljuk.

Borjútekercs fehérborban

Rollatini di Vitello al Vino Bianco

4 adagot készít

Egész Olaszországban a sodrás és a töltelék elterjedt módszer a kis mennyiségű borjúszelet maximális kihasználására. A töltelékhez pácolt vagy darált húsok, sajtok vagy zöldségek használhatók. Ez a recept népszerű számos olasz étteremben az Egyesült Államokban.

1 kiló borjúszelet, vékonyra vágva

Só és frissen őrölt fekete bors

4 nagyon vékony szelet importált olasz prosciutto, keresztben félbevágva

2 evőkanál reszelt Parmigiano-Reggiano

2 teáskanál apróra vágott friss lapos petrezselyem

2 evőkanál sótlan vaj

1 evőkanál olívaolaj

1/4 csésze száraz fehérbor

1/4 csésze csirkehúsleves

1. A borjúhús mindkét oldalát megszórjuk sóval, borssal. Tegyünk egy-egy szelet prosciuttot minden borjúhúsra. Megszórjuk a sajttal, majd a petrezselyemmel. A szeleteket feltekerjük és fogpiszkálóval összetűzzük.

2. Egy közepes serpenyőben, közepes lángon olvassz fel 1 evőkanál vajat az olajjal. Hozzáadjuk a tekercseket, és a darabokat minden oldalukon barnulásig forgatva kb. 10 percig sütjük. Tegye át a tekercseket egy tányérra, és tartsa melegen.

3. Adjuk hozzá a bort és a csirkehúslevest a serpenyőbe, és főzzük nagy lángon, a serpenyőt kaparva, amíg a folyadék enyhén szirupos nem lesz, körülbelül 2 percig. Vegyük le a tűzről, és forgassuk bele a maradék 1 evőkanál vajat. Öntsük a szószt a borjúhúsra, és azonnal tálaljuk.

Borjútekercs szardella

Rollatini alla Napolitana

4 adagot készít

A nápolyiak szardellat használnak borjútekercs-töltelékükben, hogy a hús és a mozzarella enyhe ízéhez szelíd ízt adjanak.

1 kiló borjúszelet vékonyra vágva, 8 részre vágva

4 uncia friss mozzarella, 8 (2 hüvelykes) rúdra vágva

8 szardella filé, lecsepegtetve és szárazra törölve

Frissen őrölt fekete bors

3 evőkanál sótlan vaj

½ csésze száraz fehérbor

2 evőkanál apróra vágott friss lapos petrezselyem

1. Mindegyik borjúhús egyik rövidebb végére tegyen egy darab sajtot és egy szardellat. Megszórjuk borssal. A borjúszeleteket feltekerjük, és mindegyiket fogpiszkálóval lezárjuk.

2. Egy nagy serpenyőben közepes lángon felolvasztunk 2 evőkanál vajat. Hozzáadjuk a tekercseket, és körülbelül 10 percig főzzük, amíg a borjúhús kemény tapintású lesz, és szépen megpirul. Tegye a tekercseket egy tálba, és tartsa melegen.

3. Vegyük fel a hőt magasra, és öntsük a bort a serpenyőbe. Főzzük a serpenyőt kikaparva, amíg a folyadék kissé besűrűsödik, körülbelül 2 percig. Vegyük le a tűzről, és forgassuk bele a maradék 1 evőkanál vajat és a petrezselymet. Öntsük a szószt a borjúhúsra, és azonnal tálaljuk.

Borjútekercs spenóttal

Rollatini di Vitello con Spinaci

4 adagot készít

Ezeket a borjútekercseket jóval a főzés előtt összeállíthatja. Tálalásig lefedve a hűtőben tároljuk. Ne aggódjon, ha a spenót egy része kifolyik. Színt ad a krémes szósznak.

8 uncia friss spenót

4 evőkanál sótlan vaj

¼ csésze nagyon apróra vágott medvehagyma vagy hagyma

Csipetnyi frissen reszelt szerecsendió

Só és frissen őrölt fekete bors

1 kilós borjúszelet, 8 részre vágva, vékonyra feldarabolva

4 szelet importált olasz prosciutto, keresztben félbevágva

½ csésze száraz fehérbor

½ csésze kemény tejszín

1. Tegye a spenótot egy nagy fazékba közepes lángon 1/4 csésze vízzel. Fedjük le és főzzük 2-3 percig, vagy amíg megfonnyad és megpuhul. Lecsepegtetjük és lehűtjük. Csomagolja be a spenótot egy szöszmentes ruhába, és nyomja ki annyi vizet, amennyit csak lehetséges. A spenótot apróra vágjuk.

2. Egy nagy serpenyőben közepes lángon olvassz fel két evőkanál vajat. Adjuk hozzá a medvehagymát vagy a hagymát, és főzzük nagyon puhára, körülbelül 5 percig. Ízlés szerint belekeverjük a spenótot, a szerecsendiót, és sózzuk, borsozzuk. Levesszük a tűzről.

3. Tegye ki a borjúszeleteket egy sima felületre. Sózzuk, borsozzuk. Megkenjük egy kis spenóttal. Mindegyikre tegyünk egy-egy szelet prosciutto felét. A szeleteket a rövidebb végétől feltekerjük, és mindegyiket fogpiszkálóval lezárjuk.

4. A maradék vajat egy nagy serpenyőben felolvasztjuk. Hozzáadjuk a borjútekercseket, és minden oldalukat megpirítjuk, körülbelül 10 percig. Adjuk hozzá a bort és forraljuk fel. 10 percig főzzük, időnként megforgatva a tekercseket.

5. Adjuk hozzá a tejszínt és jól keverjük össze. Pároljuk, gyakran forgatva a tekercseket, amíg a szósz besűrűsödik és bevonja a

tekercseket, 4-5 percig. Tálalás előtt távolítsa el a fogpiszkálókat. Forrón tálaljuk.

Borjútekercs prosciuttóval és sajttal

Spiedini di Vitello al Prosciutto

4 adagot készít

Anna Tasca Lanza egy The World of Regaleali nevű főzőiskolát üzemeltet családja farmján és pincészetében a szicíliai Vallelunga városában. Anna megtanított egy kiváló trükköt a borjútekercsek és más ételek elkészítéséhez, hogy ne forogjanak el a nyárson sütés vagy grillezés közben. Egyetlen nyárs helyett használjon kettőt, úgy, hogy a nyársakat körülbelül egy hüvelyknyire tartsa egymás mellett, mint egy nagy húsvilla fogait. A tekercseket egyszerre mindkét nyársra lándzsázzuk. Ez biztonságosan tartja a darabokat, és megkönnyíti az elfordításukat.

1 kiló borjúszelet vékonyra vágva, 8 részre vágva

Só és frissen őrölt fekete bors

4 vékony szelet importált olasz prosciutto, keresztben félbevágva

4 uncia fontina vagy mozzarella, 8 (2 hüvelykes) rúdra vágva

Körülbelül 12 nagy friss zsályalevél

2 evőkanál extra szűz olívaolaj

1. Helyezze a borjúszeleteket sima felületre. Enyhén megszórjuk frissen őrölt borssal.

2. Minden borjúszeletre tegyünk egy darab prosciuttót, és szükség szerint vágjuk le. Mindegyik egyik végére tegyen egy darab sajtot. A szeleteket a rövidebb végétől feltekerjük, oldalukat behajtva szép tekercseket formázunk.

3. Helyezzen egy grillsütőt vagy brojlerrácsot körülbelül 5 hüvelykre a hőforrástól. Melegítse elő a grillt vagy a brojlert. Tartson két fém nyársat egymás mellett, körülbelül 1 hüvelyk távolságra egymástól, mint egy nagy húsvilla fogait. A nyárson lévő tekercseket felváltva a zsályalevelekkel kezdjük és a levelekkel fejezzük be.

4. Kenjük meg a tekercseket olívaolajjal. Grill vagy süsse, amíg a hús enyhén megpirul, körülbelül 5 percig mindkét oldalon. Forrón tálaljuk.

Grillezett borjútekercs mozzarellával és zsemlemorzsával

Spiedini di Vitello alla Mamma

6 adagot készít

A nyári grillezéshez anyám nagy adagokat készített ezekből a borjútekercsekből futószalagon. Először kirakta a hússzeleteket, majd minden darabot megtöltött egy csepp házi disznózsírral, amely a nápolyi konyhában gyakran használt összetevő. Ezután a húgommal követjük a maradék töltelék hozzávalóit. Göngyölve és felnyársalva a hús elkészíthető, és a főzés előtt néhány órával a hűtőben tárolható. Bár továbbra is szívesen készítem ezeket a tekercseket, a modern ízlésnek való engedmény kedvéért elhagyom a disznózsírt.

1 1/2 kiló borjúszelet vékonyra vágva, 12 darabra vágva

Só és frissen őrölt fekete bors

8 uncia friss mozzarella, 12 (1/2 vastag) rúdra vágva

3 evőkanál apróra vágott friss lapos petrezselyem

2 gerezd fokhagyma, apróra vágva

¾ csésze sima zsemlemorzsa

3 evőkanál olívaolaj

1. Fektesse ki a borjúhúst egy sima felületre. A darabokat megszórjuk sóval, borssal. Minden borjúszelet egyik végére tegyen egy darab sajtot. Megszórjuk petrezselyemmel és fokhagymával. A borjúhúst a rövidebb végétől feltekerjük.

2. Helyezzen egy grillsütőt vagy brojlerrácsot körülbelül 5 hüvelykre a hőforrástól. Melegítse elő a grillt vagy a brojlert. Tartson két fém vagy bambusz nyársat párhuzamosan, körülbelül 1 hüvelyk távolságra egymástól. Lándzsa az egyik tekercset a nyársra, mintha egy nagy húsvilla fogai lennének. A maradék tekercseket ugyanígy fűzzük a nyársra.

3. Egy kis tálban keverjük össze a zsemlemorzsát sóval és frissen őrölt borssal. Kenjük meg a tekercseket olívaolajjal, szórjuk meg a morzsával, tapogatjuk meg őket.

4. Egyszer megforgatva grillezzük vagy pirítsuk meg a nyársakat, csak addig, amíg a húst megnyomva keménynek nem érzi, és a sajt kissé megolvad, körülbelül 10 percig. Forrón tálaljuk.

Serpenyős borjúszelet

Lombatine Padellában

4 adagot készít

Egy időben a legfinomabb borjúhús nagyon fiatal borjaktól származott, amelyeket csak anyatejjel etettek. Manapság a legtöbb állatot tápszerrel etetik, és olyan karámban nevelik, amely korlátozza mozgását. Ez halvány fehér, nagyon puha húst eredményez, amely meglehetősen sovány. A választható darabok, például a karaj vagy a bordaszelet drágák lehetnek. Ahhoz, hogy a legtöbbet kihozhassuk belőlük, óvatosan kell főzni, amíg közepesen ritka és rózsaszínű lesz a közepén, különben rágósak és íztelenek lesznek.

Ez a recept és az alábbi két alapvető módja annak, hogy borjúszeleteket főzzenek a tűzhely tetején, amelyeket egész Olaszországban használnak.

4 borjúkaraj szelet, körülbelül 1 hüvelyk vastag

Só és frissen őrölt fekete bors

2 evőkanál sótlan vaj

1 evőkanál olívaolaj

8 nagy friss zsályalevél darabokra tépve

1. Papírtörlővel szárítsa meg a szeleteket. A karaj mindkét oldalát megszórjuk sóval, borssal.

2. Egy elég nagy serpenyőben, hogy egy rétegben elférjen a karaj, olvasszuk fel a vajat az olajjal közepes-nagy lángon. Adja hozzá a szeleteket a serpenyőhöz. A zsályát szórjuk a karaj köré. 3 percig sütjük az egyik oldalán, vagy amíg szép barna nem lesz. Forgasd meg a húst csipesszel, és süsd meg a másik oldalát, amíg a közepén rózsaszínű nem lesz, még kb. 2 perccel. Azonnal tálaljuk.

Borjúszelet rozmaringgal és fehérborral

Lombatine di Vitello al Vino Bianco

4 adagot készít

A főzés előtti liszt enyhe bevonása segít ezeknek a karajoknak, hogy szép barnuljanak. A liszt enyhén besűríti a serpenyős szószt is. Ezek a szeletek számos variációt kínálnak.

2 evőkanál olívaolaj

4 borjúkaraj szelet, körülbelül 1 hüvelyk vastag

½ csésze univerzális liszt

2 hüvelykes ág rozmaring

Só és frissen őrölt fekete bors

½ csésze száraz fehérbor

1 evőkanál sótlan vaj

1. Egy elég nagy serpenyőben, hogy a karaj egy rétegben tartsa, melegítse fel az olajat közepesen magas lángon. A karajokat gyorsan forgassuk meg a lisztben, és rázzuk le róla a felesleget. Helyezze a karajokat a serpenyőbe a rozmaringgal. 3 percig

sütjük az egyik oldalán, vagy amíg szép barna nem lesz. Fordítsd meg a húst csipesszel, és pirítsd meg a másik oldalát még körülbelül 2 percig, vagy amíg a közepe már csak rózsaszínű lesz. A karajokat tányérra tesszük és megszórjuk sóval, borssal.

2. Öntse le az olajat. Adjuk hozzá a bort a serpenyőbe, és pároljuk, addig kaparjuk a serpenyő alját, hogy belekeveredjenek a megbarnult darabok, amíg a folyadék lecsökken és kissé besűrűsödik. Vegyük le a tűzről, és forgassuk bele a vajat.

3. Tegye vissza a karajokat és a felgyülemlett levet a serpenyőbe. Lassú tűzön főzzük 1 percig, hogy átmelegedjen. A karajokat tányérra tesszük, és forrón tálaljuk.

Variáció: A rozmaring helyett használjon zsályát vagy kakukkfüvet. Adjunk hozzá egy enyhén zúzott fokhagymagerezdet a serpenyőbe. Vagy próbálja meg száraz Marsalával helyettesíteni a fehérbort.

Sült borjúszelet

Lombatine al Forno

4 adagot készít

A vastagra vágott szelet jól illeszkedik ehhez a módszerhez, amely a tűzhelyen és a sütőben való főzés kombinációja. Csak ügyeljen arra, hogy ne süsse túl a karajokat, különben megszárad.

¼ csésze olívaolaj

4 borjúszelet, körülbelül 2 hüvelyk vastag

Só és frissen őrölt fekete bors

1 evőkanál sótlan vaj

3 gerezd fokhagyma, apróra vágva

2 szál friss rozmaring

6 friss zsályalevél

½ csésze száraz fehérbor

1 csésze marha- vagy csirkehúsleves

1. Helyezzen egy rácsot a sütő közepére. Melegítsük elő a sütőt 400°F-ra.

2. Papírtörlővel szárítsa meg a szeleteket. Egy tűzálló serpenyőben, amely elég nagy ahhoz, hogy a karaj egy rétegben tartsa, melegítse fel az olajat közepes lángon. A karaj mindkét oldalát megszórjuk sóval, borssal. Helyezze a karajokat a serpenyőbe, és süsse szép barnára, körülbelül 4 percig. Forgasd meg a húst csipesszel, és pirítsd meg a másik oldalát még 3-4 percig.

3. Helyezze a serpenyőt a sütő középső rácsára, és süsse közepesen ritka, körülbelül 10 percig. Az elkészültség ellenőrzéséhez vágjon egy szeletet a csont melletti legvastagabb részébe. A húsnak csak rózsaszínűnek kell lennie. Helyezze a karajokat egy tálra. Fedjük le és tartsuk melegen.

4. Öntse ki az olajat a serpenyőből. Helyezze a serpenyőt közepes lángra. Adjuk hozzá a vajat, a fokhagymát, a rozmaringot és a zsályát. 1 percig főzzük, kikaparjuk a serpenyőt. Adjuk hozzá a bort és forraljuk fel. 1 percig főzzük. Hozzáadjuk a húslevest, és addig főzzük, amíg a folyadék lecsökken és kissé besűrűsödik, körülbelül 3 percig. Ízlés szerint sózzuk, borsozzuk. Szűrjük le a szószt a karajra. Forrón tálaljuk.

Borjúszelet édes paprikával

Vitello con Peperoni

4 adagot készít

Ez egy egyszerű hétvégi étel, amely többféleképpen variálható. Próbáljon meg néhány szardellat hozzáadni a fokhagymával együtt, ha szereti.

4 evőkanál olívaolaj

3-4 nagy piros vagy sárga kaliforniai paprika, szárral, magházzal és vékonyra szeletelve

2 gerezd fokhagyma, apróra vágva

8 friss zsályalevél

Só és frissen őrölt fekete bors ízlés szerint

4 borjúkaraj vagy bordaszelet, körülbelül 1 hüvelyk vastag

½ csésze száraz fehérbor

1. Egy elég nagy serpenyőben, hogy egy rétegben tartsa a szeleteket, melegíts fel 3 evőkanál olajat közepes lángon. Hozzáadjuk a paprikát, és időnként megkeverve 5 percig főzzük.

Keverje hozzá a fokhagymát, a zsályát, valamint a sót és a borsot, majd főzze, amíg a paprika megpuhul és enyhén megpirul, körülbelül 10 percig. Tegye át a paprikát egy tányérra, és törölje ki a serpenyőt.

2. A maradék 1 evőkanál olajat közepes lángon felhevítjük. A szeleteket szárazra verjük, és mindkét oldalukat megszórjuk sóval és borssal. Adjuk hozzá a borjúhúst a serpenyőbe, és főzzük 4-5 percig, amíg szép barna nem lesz. Forgassuk meg a szeleteket csipesszel, és süssük barnulásig, körülbelül 4 percig. Lekanalazzuk a felesleges zsírt.

3. Adjuk hozzá a bort és forraljuk fel. Fedjük le, és főzzük, amíg a szelet ízlés szerint megpuhul, kb. 2 percig közepesen ritka. Az elkészültség ellenőrzéséhez vágjon egy szeletet a csont melletti legvastagabb részébe. A húsnak csak rózsaszínűnek kell lennie. Tegye át a karajokat egy tálra. Fedjük le és tartsuk melegen.

4. Emelje fel a hőt, és csökkentse a serpenyőben lévő folyadékot, amíg kissé besűrűsödik, körülbelül 2 percig. Adjuk hozzá a paprikát, és főzzük 1 percig, vagy amíg át nem melegszik.

5. A borjúra kanalazzuk a paprikát, és forrón tálaljuk.

Töltött borjúszelet sonkával és Fontinával

Costolette alla Valdostana

4 adagot készít

Ehhez a recepthez a bordaszelet a legjobb választás, mert a csont kívülről van, és a húson könnyű hasítékot vágni a töltelékhez.

½ csésze univerzális liszt

2 nagy tojás, felverve

Só és frissen őrölt fekete bors

1 csésze sima száraz zsemlemorzsa

4 borjúbordaszelet, körülbelül 1 hüvelyk vastag

4 szelet főtt sonka

2 uncia Fontina Valle d'Aosta, 4 szeletre vágva

4 evőkanál sótlan vaj

1. A lisztet egy viaszpapírra szórjuk. Egy sekély tálban verjük fel a tojásokat ízlés szerint sóval és borssal, és tegyük a viaszpapír mellé. A zsemlemorzsát tegyük egy sekély tányérba, és tegyük a

tojások mellé úgy, hogy mindhárom hozzávaló egy sorban legyen.

2. Helyezzen egy hűtőrácsot egy tálcára. Helyezze a karajokat egy vágódeszkára. Vágja le a szelet széléről a zsírt. Egy éles kést a vágódeszkával párhuzamosan tartva készítsen egy-egy szeletbe egy zsebszerű rést. Tegyünk egy-egy darabot a sonkából és a sajtból minden szeletbe. Törölje szárazra a szeleteket. A karajt mártsuk a lisztbe, majd a tojásba, majd a zsemlemorzsába, úgy, hogy a karaj teljesen bevonja. Helyezze a szeleteket a rácsra 15 percre száradni.

3. Egy elég nagy serpenyőben, hogy egy rétegben elférjen a karaj, olvasszuk fel a vajat közepes lángon. Hozzáadjuk a karajokat, és körülbelül 5 perc alatt aranybarnára és ropogósra sütjük. Forgasd meg a szeleteket csipesszel, és pirítsd meg a másik oldalukat, kb. 4 perc alatt. Az elkészültség ellenőrzéséhez vágjon egy szeletet a csont melletti legvastagabb részébe. A húsnak csak rózsaszínűnek kell lennie. Azonnal tálaljuk.

Borjúszelet, milánói stílusban

Costolette alla Milanese

4 adagot készít

Bár itthon gyakran borjúszeletekkel készítik, Milánóban a milánói borjúszeletet vékonyra darált borjúszeletekkel készítik. Ezeknek a karajoknak a bevonata csak tojás és zsemlemorzsa, a kapott kéreg vékonyabb és finomabb, mint a receptben. Ezeket a karajokat gyakran apróra vágott paradicsomsalátával tálalják.

4 borjúbordaszelet, körülbelül 3/4 hüvelyk vastag

1 csésze sima száraz zsemlemorzsa, lehetőleg házilag

2 nagy tojás

1 teáskanál só

4 evőkanál sótlan vaj

1 citrom szeletekre vágva

1. Vágja le a szelet széléről a zsírt. Helyezze a szeleteket két műanyag fólia közé. Finoman dörzsölje a húst 1/4 hüvelyk vastagságúra.

2. A zsemlemorzsát egy viaszpapírra kenjük. Egy sekély tányérban verjük fel a tojásokat a sóval, és tegyük a viaszpapír mellé. A szeleteket mártsuk a tojásos keverékbe, majd a zsemlemorzsába, úgy, hogy teljesen bevonják a karajt. Helyezze a karajokat egy rácsra 10 percre száradni.

3. Egy elég nagy serpenyőben, hogy egy rétegben elférjen a karaj, olvasszuk fel a vajat közepes lángon. Amikor a vajhab alábbhagy, hozzáadjuk a szeleteket, és 3-4 percig pirítjuk és ropogósra sütjük. Forgasd meg a szeleteket csipesszel, és süsd meg a másik oldalukat kb. 3 percig.

4. Forrón, citromkarikákkal tálaljuk.

Párolt borjúszelet

Rustin Negaa

4 adagot készít

Milánó télen hideg és nyirkos lehet, ezért a kiadós párolt húsételek népszerű otthoni főzések. Ez a párolt karaj tipikus étkezés egy csontig tartó napon. Burgonyapürével tálaljuk.

¼ csésze univerzális liszt

Só és frissen őrölt fekete bors

2 evőkanál sótlan vaj

1 közepes hagyma, apróra vágva

1 sárgarépa, apróra vágva

2 evőkanál apróra vágott pancetta

2 zsályalevél, apróra vágva

1 2 hüvelykes ág rozmaring

4 borjúlapocka, körülbelül 1 hüvelyk vastag, vágva

½ csésze száraz fehérbor

½ csésze csirkehúsleves

1. Egy darab viaszpapíron keverjük össze a lisztet és ízlés szerint sózzuk, borsozzuk.

2. Egy elég nagy serpenyőben, hogy az összes karaj egy rétegben elférjen, olvasszuk fel a vajat közepes lángon. Törölje szárazra a szeleteket. A karajokat mártsuk a lisztbe, és rázzuk le róla a felesleget. Adja hozzá a szeleteket a serpenyőbe, és pirítsa körülbelül 3 percig. Forgasd meg a szeleteket csipesszel, és süsd meg a másik oldalukat kb. 2 perc alatt.

3. A karaj köré szórjuk a hagymát, a sárgarépát, a pancettát, a zsályát és a rozmaringot. Főzzük, amíg a zöldségek megpuhulnak, körülbelül 5 percig.

4. Adjuk hozzá a bort és a húslevest, és forraljuk fel. Csökkentse a hőt alacsonyra. Lefedve 1 órán át főzzük, időnként megforgatva a borjúhúst, amíg villával megszúrva nagyon puha nem lesz. Adjunk hozzá egy kevés vizet, ha a szósz túl sűrű lesz. Forrón tálaljuk.

Borjú-, burgonya- és zöldbabpörkölt

Spezzatino di Vitello

4 adagot készít

Minden olasz szakácsnak van egy ehhez hasonló receptje a repertoárjában. Bármilyen variációra alkalmas, például friss vagy fagyasztott borsót vagy lima babot adunk a zöldbab helyett, vagy fehérrépát vagy sárgarépát a burgonyához. Mivel a hagymát először az edényben főzik meg, a borjúhús soha nem vesz fel világosbarnánál többet.

2 közepes hagyma, apróra vágva

2 evőkanál olívaolaj

2 font csont nélküli borjúlapocka, levágva és 2 hüvelykes darabokra vágva

Só és frissen őrölt fekete bors

2 teáskanál friss rozmaring

1 gerezd fokhagyma, finomra vágva

2 evőkanál paradicsompüré

½ csésze száraz fehérbor

3 közepes burgonya, meghámozva és szeletekre vágva

12 uncia zöldbab, vágva és 1 hüvelykes hosszúságúra vágva

1. Egy nagy fazékban az olajon, közepes lángon, gyakran kevergetve, körülbelül 10 perc alatt puhára és aranybarnára sütjük a hagymát. Adja hozzá a borjúdarabokat az edényhez. Főzzük enyhén barnára, körülbelül 15 percig.

2. Sózzuk, borsozzuk. Adjuk hozzá a rozmaringot és a fokhagymát. Keverjük hozzá a paradicsompürét. Adjuk hozzá a bort, és pároljuk, amíg a folyadék nagy része elpárolog, körülbelül 3 percig.

3. Adjuk hozzá a burgonyát az edényhez. Ízlés szerint sózzuk, borsozzuk. Adjunk hozzá 2 csésze vizet, és forraljuk fel a keveréket.

4. Csökkentse a hőt. Fedjük le az edényt, és időnként megkeverve főzzük 1 órán át, vagy amíg a borjú megpuhul, ha villával megszúrjuk.

5. Adja hozzá a zöldbabot az edénybe, és párolja még 10 percig, vagy amíg az összes hús és zöldség megpuhul. Kóstolja meg és állítsa be a fűszerezést. Forrón tálaljuk.

Borjúpörkölt rozmaringgal és borsóval

Stufato di Vitello

4 adagot készít

Úgy tűnik, hogy a borjúlapocka a legkönnyebben beszerezhető pörkölt darab, de a tokmány is jó, vagy helyettesítheti a csontos vágásokat, például a mellet vagy a lábszárat. A kicsontozott darabok főzése sokkal tovább tart, bár a csontok sok ízt adnak a pörköltnek, valamint kollagént, amely textúrát és gazdagságot ad a főzőfolyadéknak. Ezt a pörköltet a La Campanában ettem, amely Róma egyik kedvenc trattoriája.

2 evőkanál olívaolaj

1 1/2 font csont nélküli borjúlapocka, levágva és 2 hüvelykes darabokra vágva

1 közepes vöröshagyma, apróra vágva

3 nagy gerezd fokhagyma, apróra vágva

2 teáskanál apróra vágott rozmaring

Só és frissen őrölt fekete bors

1/2 csésze száraz fehérbor

1/2 csésze Tyúkhúsleves vagy Húsleves

2 csésze friss borsó vagy 1 (10 uncia) csomag fagyasztott borsó, részben felolvasztva

1. Egy nagy holland sütőben vagy más mély, nehéz fazékban, szorosan záródó fedővel, melegítse fel az olajat közepesen magas lángon. Csak annyi borjúdarabot adjon hozzá, hogy egy rétegben kényelmesen elférjen az edényben. Főzzük, gyakran forgatva, amíg minden oldala megpirul, körülbelül 15 percig. A megpirult darabokat egy edénybe tesszük. Ismételje meg a maradék borjúhússal. Amikor megpirult, a húst visszatesszük az edénybe.

2. Keverje hozzá a hagymát, a fokhagymát és a rozmaringot. Ízlés szerint sózzuk, borsozzuk. Adjuk hozzá a bort és forraljuk fel. Adjuk hozzá a húslevest. Fedjük le a serpenyőt, és csökkentsük a hőt. A borjúhúst, időnként megkeverve, lassú tűzön pároljuk 1 órán át, vagy amíg a hús megpuhul villával megszúrva. Adjunk hozzá egy kevés vizet, ha a pörkölt száraznak tűnik.

3. Belekeverjük a borsót. Fedjük le és főzzük még 10 percig. Kóstolja meg és állítsa be a fűszerezést. Forrón tálaljuk.

Borjú és bors pörkölt

Stufato di Vitello és Peperoni

6 adagot készít

A dél-olaszországi régiókban az ehhez hasonló pörkölteket bármilyen húsból készítik, és néha keveréket is használnak. A paprika és a paradicsom zamatos ízt ad az enyhe ízű borjúhúsnak, de a pörkölt bárány- vagy sertéshúsból is elkészíthető. Néha teszek a hozzávalókhoz egy csipet őrölt pirospaprikát vagy egy kis friss rozmaringot. A puha polenta tökéletes kísérője ennek az egyszerű pörköltnek.

¼ csésze olívaolaj

2 font csont nélküli borjúlapocka, levágva és 2 hüvelykes darabokra vágva

2 közepes hagyma, szeletelve

3 nagy piros, zöld vagy sárga kaliforniai paprika 1/2 hüvelykes csíkokra vágva

1 font érett paradicsom meghámozva, kimagozva és apróra vágva, vagy 2 csésze apróra vágott konzerv paradicsom

Só és frissen őrölt fekete bors

1. Egy nagy serpenyőben közepes lángon hevítsük fel az olívaolajat. Csak annyi borjúdarabot adjon a serpenyőbe, hogy kényelmesen elférjen egyetlen rétegben anélkül, hogy zsúfolt volna. Főzzük, gyakran megforgatva a darabokat, amíg meg nem pirulnak, körülbelül 15 percig. A megpirult darabokat tegyük egy edénybe, és ismételjük meg a maradék borjúhússal.

2. Tegye a hagymát és a paprikát a serpenyőbe. Főzzük gyakran kevergetve, amíg a zöldségek megfonnyadnak, körülbelül 5 percig.

3. Adjuk hozzá a borjúhúst, a paradicsomot, és ízlés szerint sózzuk, borsozzuk. Csökkentse a hőt alacsonyra. Fedjük le és főzzük 1 órán át, időnként megkeverve, vagy amíg a borjú megpuhul, ha villával megszúrjuk. Kóstolja meg és állítsa be a fűszerezést. Forrón tálaljuk.

Borjúpörkölt vörösborral

Vitello al Vino Rosso

6 adagot készít

Ezt a borjúpörköltet Piemontban ettem borász barátaim otthonában. Javasolják a barbera, a régió vörösborának használatát.

A Barbera Piemontban őshonos barbera szőlőből készül. Különlegessége, hogy az egyetlen olasz szőlőfajta, amelyet nőiesnek tartanak, ezért la barberának nevezik, a nőies szócikk alapján. Magas savtartalma miatt a barbera számos ételhez jó bor, és a piemontiak mindennapi ivóbora. Cserélje ki egy kiadós vörösbort, ha nem találja a barberát.

¼ csésze univerzális liszt

3 font csont nélküli borjúlapocka, 2 hüvelykes darabokra vágva

2 evőkanál sótlan vaj

2 evőkanál olívaolaj

1 közepes hagyma, apróra vágva

2 evőkanál paradicsompüré

2 csésze száraz vörösbor, például barbera vagy chianti

1 csésze csirke- vagy marhahúsleves

1 nagy gerezd fokhagyma, apróra vágva

1 babérlevél

Csipet szárított kakukkfű

Só és frissen őrölt fekete bors

1. Helyezze a lisztet egy viaszpapír lapra. A borjúhúst szárítsa meg, majd dobja meg a liszttel. Rázza le a felesleget.

2. Egy nagy holland sütőben vagy más mély, nehéz edényben, szorosan záródó fedővel, közepes lángon olvasszuk fel a vajat az olajjal. Csak annyi borjúdarabot adjon hozzá, hogy kényelmesen elférjen egyetlen rétegben, zsúfolódás nélkül. Főzzük a darabokat gyakran megforgatva, amíg minden oldaluk megpirul, körülbelül 15 percig. Tegye át a borjúhúst egy edénybe. A maradék borjúhúst ugyanígy megfőzzük.

3. Adjuk hozzá a hagymát az edényhez, és főzzük, amíg megpuhul, körülbelül 5 percig. Keverjük hozzá a paradicsompürét. Hozzáadjuk a bort, és fakanállal az edény alját kaparva addig

főzzük, amíg a bor felforr. Tegyük vissza a húst a serpenyőbe, és adjuk hozzá a húslevest, a fokhagymát, a fűszernövényeket, sózzuk és borsozzuk. Részben fedje le a serpenyőt, és csökkentse a hőt alacsonyra.

4. Főzzük 1 1/2 órán át, időnként megkeverve, amíg a hús megpuhul villával megszúrva. Adjunk hozzá még egy kis húslevest vagy vizet, ha a szósz túl sűrűvé válik. Kóstolja meg és állítsa be a fűszerezést. Forrón tálaljuk.

Borjúgulyás krémmel

Gulasch di Vitello

4-6 adagot tesz ki

Egy csipetnyi citrom illatosítja ezt az elegáns Alto Adige pörköltet. A technika kissé eltér a többi pörkölttől abban, hogy a lisztet az ízesítő összetevőkhöz adják, nem pedig a hús bevonásával, így a pörkölt könnyebbnek tűnik.

A fűszernövényeket egy kis csokorba kötjük, hogy tálalás előtt könnyen eltávolíthatók legyenek.

Ez a pörkölt jól illik főtt burgonyához, gnocchihoz vagy rizzhez.

2 evőkanál sótlan vaj

21/2 font kicsontozott borjúpörkölt, vágva és 11/2 hüvelykes darabokra vágva

Só és frissen őrölt fekete bors

1 közepes hagyma, apróra vágva

2 evőkanál univerzális liszt

2 csésze csirke- vagy marhahúsleves

1 babérlevél

3 szál friss petrezselyem

Néhány ág friss kakukkfű

2 hüvelykes csík citromhéj

¼ csésze kemény tejszín

1. Egy nagy holland sütőben vagy más mély, nehéz edényben, szorosan záródó fedővel, olvasszuk fel a vajat közepes lángon. Csak annyi borjúdarabot adjon hozzá, hogy kényelmesen elférjen egy rétegben. Minden oldalról barnulásig sütjük, körülbelül 15 percig. A megsült húst egy edénybe tesszük. Ismételje meg a maradék borjúhússal. Sózzuk, borsozzuk.

2. Adjuk hozzá a hagymát és főzzük még 5 percig. Megszórjuk a liszttel. Emeld fel a hőt közepesen magasra, és állandó keverés mellett főzd 2 percig, vagy amíg a liszt megpirul.

3. Keverjük hozzá a húslevest, kaparjuk ki és fakanállal keverjük bele a serpenyő alján lévő megbarnult darabokat. A babérlevelet, a petrezselymet, a kakukkfüvet és a citromhéjat konyhai zsinórral összekötjük, és a folyadékhoz adjuk. Forraljuk fel a folyadékot, és csökkentsük a hőt alacsonyra. Fedjük le a serpenyőt, és időnként megkeverve főzzük, amíg a hús

megpuhul, amikor villával megszúrjuk, körülbelül 11/2 órán keresztül.

4. Távolítsa el a gyógynövény csokrot. Keverjük hozzá a tejszínt. Fedő nélkül pároljuk, amíg besűrűsödik, körülbelül 5 percig. Kóstolja meg és állítsa be a fűszerezést. Forrón tálaljuk.

Borjú-, kolbász- és gombás nyárs

Spiedini di Vitello

4 adagot készít

Ha valami mást szeretne találni a következő grillsütő alkalmával, ne keressen tovább. A kis borjúhús, a kolbász és a gomba nyerő kombináció, különösen akkor, ha fatűzön grillezzük, ahogy a toszkánai Trattoria La Piazza-ban ettem. Jól főzhetők bent a brojler alatt is.

1 font csont nélküli borjúlapocka, levágva és 11/2 hüvelykes darabokra vágva

2 evőkanál olívaolaj

2 evőkanál friss citromlé

Só és frissen őrölt fekete bors

1 közepes vöröshagyma szeletekre vágva és rétegekre vágva

16 fehér gomba, leöblítve

1 kiló olasz sertéskolbász, 11/2 hüvelykes darabokra vágva

Friss zsályalevél

Citromszeletek

1. Egy nagy tálban keverjük össze a borjúhúst, az olajat, a citromlevet és ízlés szerint sózzuk és borsozzuk. Fedjük le és pácoljuk legalább 1 óráig, de legfeljebb 3 óráig.

2. Helyezzen egy grillsütőt vagy brojlerrácsot körülbelül 5 hüvelykre a hőforrástól. Melegítse elő a grillt vagy a brojlert.

3. A borjúhúst, a hagymát, a gombát, a kolbászt és a zsályaleveleket felváltva fűzzük fel 8 rövid nyársra.

4. A nyársakat gyakran megforgatva grillezzük vagy süssük 6 percig, vagy amíg minden oldaluk megpirul és a kolbász meg nem sül. Forrón, citromkarikákkal tálaljuk.

Borjúszár, Milánói stílus

Osso Buco alla Milanese

4 adagot készít

Milánóban az osso buco klasszikus és szeretett étel. Finomra vágott fokhagymával, citromhéjjal és szardellafélékkel megszórva tálaljuk a párolt borjúcsülök finom szeleteit, hogy a mártást véglegesen feldobják. Az osso bucót (szó szerint "lyukas csont") kis kanálokkal tálaljuk, hogy kikanalazza az ízletes csontvelőt. A komoly velő szerelmesei találhatnak hosszú vékony velőkanalakat, amelyek az utolsó darabot is eltávolíthatják.Sáfrányos rizottó, milánói stílusbantökéletes kísérője.

¼ csésze univerzális liszt

4 (1½ hüvelyk vastag) húsos szelet borjú csülök

2 evőkanál sótlan vaj

1 evőkanál olívaolaj

Só és frissen őrölt fekete bors

1 kis hagyma, apróra vágva

½ csésze száraz fehérbor

1 csésze hámozott, kimagozott és apróra vágott friss paradicsom vagy apróra vágott konzerv paradicsom

1 csésze csirke- vagy marhahúsleves

2 gerezd fokhagyma, apróra vágva

2 evőkanál finomra vágott lapos petrezselyem

2 szardella filé (elhagyható)

1 teáskanál reszelt citromhéj

1. A lisztet egy viaszpapírra szórjuk. A borjúhúst beleforgatjuk a lisztbe, a felesleget lerázva.

2. Egy holland sütőben vagy más mély, nehéz edényben, szorosan záródó fedővel, közepes lángon olvasszuk fel a vajat az olajjal. Adjuk hozzá a borjúhúst, és szórjuk meg sóval, borssal. Főzzük barnulásig, körülbelül 10 percig. A szeleteket csipesszel megfordítjuk és megszórjuk sóval, borssal. A hagymát a hús köré szórjuk. Addig főzzük, amíg a hagyma megpuhul, és a hús megpirul, körülbelül 10 percig.

3. Adjuk hozzá a bort és főzzük, kaparjuk fel, és fakanállal keverjük bele a megpirult darabokat a serpenyő alján. Keverje hozzá a

paradicsomot és a húslevest, és forralja fel. Vegyük alacsonyra a hőt, és részben fedjük le a serpenyőt.

4. Főzzük, időnként meglocsolva a húst a szósszal, amíg a borjú megpuhul, és villával tesztelve elválik a csonttól, 1 1/2-2 órán keresztül. Ha túl sok folyadék van, vegye le a fedelet, és hagyja elpárologni.

5. Körülbelül 5 perccel tálalás előtt keverje össze a fokhagymát, a petrezselymet, a szardellat (ha használ) és a citromhéjat. Keverje hozzá a keveréket a serpenyőben lévő szószhoz, és kenje meg a húst. Azonnal tálaljuk.

Borjú csülök Barberával

Osso Buco al Vino Rosso

4 adagot készít

Bár az osso buco milánói változata a legismertebb, más régiókban is készül az étel. Ez egy piemonti recept.

Amikor borjúszárat vásárol az osso bucóhoz, próbáljon szeleteket levágni a hátsó lábakról. Húsosabbak, mint az előcsontból vágottak. Keressen olyan csontokat, amelyekben sok velő található.

2 evőkanál sótlan vaj

1 evőkanál olívaolaj

4 (11/2 hüvelyk vastag) húsos szelet borjú csülök

Só és frissen őrölt fekete bors

2 sárgarépa, apróra vágva

1 közepes vöröshagyma, apróra vágva

1 zeller tarja, apróra vágva

1 csésze száraz vörösbor, például olasz barbera vagy chianti

1 csésze apróra vágott friss vagy konzerv paradicsom

2 teáskanál apróra vágott friss kakukkfű, vagy 1/2 teáskanál szárított

1 csésze marhahúsleves (Húsleves)

1. Egy nagy holland sütőben vagy más mély, nehéz edényben, szorosan záródó fedővel, közepes lángon olvasszuk fel a vajat az olajjal. A borjúhúst szárítsa meg. Adjuk hozzá a borjúhúst az edénybe, és szórjuk meg sóval, borssal. Főzzük, időnként megforgatva a csülköt, amíg meg nem pirulnak, körülbelül 10 percig. Tegye át a borjúhúst egy tányérra.

2. Adja hozzá a sárgarépát, a hagymát és a zellert az edénybe. Főzzük gyakran kevergetve, amíg puha és aranybarna nem lesz, körülbelül 10 percig.

3. Adjuk hozzá a bort, és fakanállal kaparjuk ki a serpenyőt. Keverje hozzá a paradicsomot, a kakukkfüvet és a húslevest, és forralja fel. Tegye vissza a húst az edénybe.

4. Amikor a folyadék forr, részben fedjük le az edényt. Vegyük alacsonyra a hőt. Főzzük 1 1/2-2 órán át, időnként megforgatva a húst, és meglocsolva a szósszal, amíg a hús nagyon puha nem lesz, és villával tesztelve elválik a csonttól. Ha a szósz száraznak tűnik, adjunk hozzá egy kevés vizet vagy több húslevest az edénybe.

5. Tegye át a borjúhúst egy tálra. Ha a szósz híg, fedjük le a borjúhúst, és tegyük félre. Helyezze az edényt magas lángra. Főzzük gyakran kevergetve, amíg a folyadék lecsökken és enyhén szirupos lesz. A szószt a húsra kanalazzuk, és azonnal tálaljuk.

Borjú csülök Porcinival

Stinco di Vitello al Porcini

6-8 adagot tesz ki

Bár az Egyesült Államokban, Olaszország Friuli-Venezia Giulia és Veneto régióiban a borjúhús csülköt gyakrabban vágják keresztben szeletekre az egyes adagokhoz, a csülköt gyakran egészben hagyják pároláshoz vagy pörköléshez.

Az egész csülök egy remek kivágású hús. A csont fogantyúként szolgál a szeletelés megkönnyítésére, a csonttal párhuzamosan szeletelt hús pedig ízes, puha és nedves. A hentesnek valószínűleg le kell vágnia a szárakat, ezért mindenképpen rendelje meg őket előre. Kérje meg, hogy vágja le a felesleges csontot a hús felett és alatt.

1 uncia szárított vargánya gomba

2 egész borjú csülök, levágva, mint egy sültnél (kb. 2 1/2 font) és megkötözve

1/4 csésze olívaolaj

1 evőkanál sótlan vaj

Só és frissen őrölt fekete bors

2 sárgarépa, apróra vágva

1 zeller borda, apróra vágva

1 közepes hagyma, apróra vágva

2 gerezd fokhagyma, apróra vágva

1 csésze száraz fehérbor

1 evőkanál paradicsompüré

1 (2 hüvelykes) szál friss rozmaring

4 friss zsályalevél

1 babérlevél

1. Helyezze a gombát egy tálba 1 csésze meleg vízzel. 30 percig állni hagyjuk. Emelje ki a gombát a folyadékból, és alaposan öblítse le folyó víz alatt, különös figyelmet fordítva a szár tövére, ahol a talaj összegyűlik. Lecsöpögtetjük és finomra vágjuk. A gombás folyadékot papír kávészűrőn keresztül egy tálba szűrjük. Tartsa le a folyadékot.

2. Egy holland sütőben, amely elég nagy ahhoz, hogy egymás mellett tartsa a borjúszárakat, vagy egy másik mély, nehéz edényben, szorosan záródó fedővel, melegítse fel az olívaolajat a

vajjal közepes lángon. Adjuk hozzá a borjúhúst, és főzzük, időnként megforgatva a csülköt, amíg meg nem pirul, körülbelül 20 percig. Sózzuk, borsozzuk.

3.A gombát, a sárgarépát, a zellert, a hagymát és a fokhagymát a csülkökre szórjuk, és körülbelül 10 percig főzzük, amíg a zöldségek megpuhulnak. Hozzáadjuk a fehérbort, és 1 percig pároljuk. Keverje hozzá a paradicsompürét, a gombás folyadékot és a fűszernövényeket. Forraljuk fel, és lassú tűzön főzzük, időnként megforgatva a húst, amíg nagyon puha lesz, és villával tesztelve elválik a csonttól, körülbelül 2 órán keresztül. (Ha a folyadék túl gyorsan elpárolog, adjunk hozzá egy kis vizet.)

4.Tegye át a húst egy tálra, és fedje le, hogy melegen tartsa. Megdöntjük az edényt, és lefejtjük a zsírt a levéről. Dobja el a gyógynövényeket. Forraljuk fel a levet, amíg kissé besűrűsödik.

5.Távolítsa el a szálakat a borjúszárról. Mindegyik lábszárat a csontjánál fogva hosszában faragjuk ki a húst. A szeleteket egy tálra rendezzük, és a levét rákanalazzuk. Azonnal tálaljuk.

Sült borjú csülök

Stinco al Forno

6-8 adagot tesz ki

Friuli–Venezia Giuliában gyakran szolgálnak fel egész borjúcombot, fűszernövényekkel és fehérborral párolva. A csülök mellé sült burgonyát és kelbimbót teszünk.

2 evőkanál sótlan vaj

1 evőkanál olívaolaj

2 egész borjú csülök, levágva, mint egy sültnél (kb. 2 1/2 font) és megkötözve

Só és frissen őrölt fekete bors

1/4 csésze apróra vágott mogyoróhagyma

6 friss zsályalevél

1 2 hüvelykes ág rozmaring

1/2 csésze száraz fehérbor

1. Helyezzen egy rácsot a sütő közepére. Melegítsük elő a sütőt 400°F-ra. Egy holland sütőben, amely elég nagy ahhoz, hogy egy

rétegben tartsa a húst, vagy egy másik mély, nehéz edényben, szorosan záródó fedővel, olvasszuk fel a vajat az olajjal közepes lángon. A borjúhúst szárítsa meg. Adjuk hozzá a borjúcombokat a serpenyőbe. Körülbelül 20 percig sütjük, miközben a húst fogóval megforgatjuk, amíg minden oldala megpirul. Sózzuk, borsozzuk.

2. A medvehagymát és a fűszernövényeket szórjuk a hús köré. 1 percig főzzük. Adjuk hozzá a bort és pároljuk 1 percig.

3. Fedjük le az edényt, és tegyük be a sütőbe. Főzzük, időnként megforgatva a húst, 2 órán keresztül, vagy amíg nagyon puha nem lesz, és elválik a csonttól. (Ha a folyadék túl gyorsan elpárolog, adjunk hozzá egy kis vizet.)

4. Tedd át a húst egy tálra. Távolítsa el a húrokat. Mindegyik lábszárat a csontjánál fogva hosszában faragjuk ki a húst. A szeleteket egy tálra rendezzük, és a levét rákanalazzuk. Azonnal tálaljuk.

Borjúszár, nagymama stílusa

Brasato di Stinco di Vitello alla Nonna

6-8 adagot tesz ki

Barátom, Maria Colombo családja Friuliból származott, és Torontóban telepedett le, ahol nagy a friulán lakosság. Ez a recept nagymamája, Ada különlegessége volt.

2 egész borjú csülök, levágva, mint egy sültnél (kb. 2 1/2 font)

2 evőkanál sótlan vaj

2 evőkanál olívaolaj

Só és frissen őrölt fekete bors

2 közepes sárgarépa, apróra vágva

1 közepes hagyma, apróra vágva

2 gerezd fokhagyma, apróra vágva

Egy szál friss rozmaring

1 csésze száraz fehérbor

1 csésze hámozott kimagozott és apróra vágott paradicsom

2 csésze marhahúsleves (Húsleves)

1. Helyezzen egy rácsot a sütő közepére. Melegítse elő a sütőt 350 °F-ra. Egy holland sütőben, amely elég nagy ahhoz, hogy elférjen a borjúcomb, vagy egy másik mély, nehéz edényben, szorosan záródó fedővel, olvasszuk fel a vajat az olívaolajjal közepes lángon. Szárítsa meg a húst, és helyezze az edénybe. A húst minden oldalról megpirítjuk, körülbelül 20 percig. Megszórjuk sóval, borssal.

2. A hús köré szórjuk a sárgarépát, a hagymát, a fokhagymát és a rozmaringot. Addig főzzük, amíg a zöldségek megpuhulnak, még körülbelül 10 percig.

3. Adjuk hozzá a bort az edénybe, és pároljuk 1 percig. Adjuk hozzá a paradicsomot és a húslevest.

4. Fedjük le az edényt, és tegyük be a sütőbe. Főzzük, időnként megforgatva a húst, 2 órán keresztül, vagy amíg nagyon puha nem lesz, és elválik a csonttól. Tedd át a húst egy tálra. (Ha a szósz túl híg, pároljuk a folyadékot, amíg kissé meg nem puhul.)

5. Mindegyik lábszárat a csontjánál fogva hosszában faragjuk ki a húst. A szeleteket meleg tálra rendezzük. Meglocsoljuk a szósszal. Azonnal tálaljuk, a maradék szósszal az oldalára.

Borjúsült Pancettával

Vitello Arrosto

8 adagot készít

A pancetta-csomagolás ropogóssá válik, ahogy megnedvesíti és ízesíti ezt a római stílusú borjúsültet.

4 sárgarépa, negyedekre vágva

2 hagyma, negyedekre vágva

2 evőkanál olívaolaj

Só és frissen őrölt fekete bors

3 kiló kicsontozott borjúlapocka vagy bordasült, megkötve

3 vagy 4 szál rozmaring

4 szelet pancetta

½ csésze házilagHúslevesvagy bolti marhahúsleves

1. Helyezzen egy rácsot a sütő közepére. Melegítse elő a sütőt 350 °F-ra.

2. Egy serpenyőben dobd össze a sárgarépát, a hagymát, az olívaolajat, és ízlés szerint sózd, borsozd.

3. A borjúhúst megszórjuk sóval, borssal. A rozmaringgallyakat a sültet tartó zsinórok alá helyezzük. Tekerje ki a pancettát, és terítse a szeleteket hosszában vagy keresztben a borjúhúsra. Helyezze a borjúhúst a serpenyőben lévő zöldségek tetejére.

4. Süssük a borjúhúst 11/2 órán keresztül, vagy amíg a belső hőmérséklet el nem éri a 140°F-ot azonnali leolvasó hőmérővel mérve. Tegye át a serpenyőből a borjúhúst egy vágódeszkára, a zöldségeket pedig egy tálra. Lazán letakarjuk alufóliával és 15 percig pihentetjük.

5. Adjuk hozzá a húslevest a serpenyőbe. Főzzük, fakanállal lekaparjuk a serpenyő alját. 1 percig forraljuk.

6. Távolítsa el a szálakat, és szeletelje fel a borjúhúst. A szeleteket egy tálra tesszük, hozzáadjuk a zöldségeket, és az egészet felöntjük a levével. Forrón tálaljuk.

Borjúhús tonhalszószban

Vitello Tonnato

6 adagot készít

A gazdag tonhalmártással borított borjúhús klasszikus nyári étel Észak-Olaszországban. Ha úgy tetszik, helyettesítse a borjúhúst sertéskarajjal vagy pulyka- vagy csirkemellel. A tálalás előtt legalább 24 órával készítse el.

A Vitello tonnato-t néha első fogásként tálalják, de én jobban szeretem főételként zöldbabbal és rizssalátával.

2 liter víz

2 hagyma

2 zeller tarja, feldarabolva

2 sárgarépa, feldarabolva

6 szem bors

1 teáskanál só

2 font kicsontozott borjúlapocka vagy kerek sült, vágva és megkötve

Szósz

2 nagy tojás

1 teáskanál dijoni mustár

1 evőkanál citromlé

Só

1 csésze extra szűz olívaolaj

1 doboz olasz tonhal olívaolajban, lecsepegtetve

2 szardella filé

1 evőkanál kapribogyó, leöblítve és lecsepegtetve, plusz még a díszítéshez

Petrezselyem és citrom karikák, díszítéshez

1. Egy nagy edényben keverje össze a vizet, a hagymát, a sárgarépát és a borsot. Adjuk hozzá a sót. Forraljuk fel a vizet. Adjuk hozzá a borjúhúst. Részben fedje le a serpenyőt, és párolja 2 órán át, vagy amíg a borjú megpuhul, ha egy késsel megszúrja. A húst levesében hagyjuk kihűlni.

2. Elkészítjük a mártást: Egy kis lábasban főzzük meg a tojásokat hideg vízzel, hogy ellepje 12 percig. A tojásokat csepegtessük le, hagyjuk kihűlni, majd pucoljuk meg. Tegye a sárgáját

aprítógépbe vagy turmixgépbe. Tegye félre a fehérjét egy másik felhasználásra.

3. Adjuk hozzá a mustárt, a citromlevet és egy csipet sót. Simára dolgozzuk. A processzor futása közben lassú sugárban adjuk hozzá az olajat.

4. Amikor az összes olajat hozzáadta, keverje simára a tonhalat, a szardellat és a kapribogyót. Kóstoljuk meg a fűszerezést, ha szükséges, adjunk hozzá még citromlevet vagy sót.

5. Tálalás: A borjúhúst nagyon vékony szeletekre vágjuk. A szósz egy részét egy tálra kenjük. Készítsen egy réteg borjúhúst a tálra anélkül, hogy a szeleteket átfedné. Megkenjük több szósszal. Ismételjük meg a rétegezést, a tetejére kenjük a maradék szószt. Fedjük le műanyag fóliával, és tegyük hűtőbe legalább 3 órára vagy akár egy éjszakára.

6. Közvetlenül tálalás előtt szórjuk meg petrezselyemmel és kapribogyóval. Díszítsük citromkarikákkal.

Párolt borjúlapocka

Spalla di Vitello Brasato

6 adagot készít

Ez a régimódi borjúsült ideális központi eleme egy emlékezetes vasárnapi vacsorának. Kezdje az étkezést azzalKrémes karfiollevesés kísérje el a borjúhústSült burgonya gombávalésPárolt paradicsom. Fejezze be az étkezéstAmaretto sült alma.

3 kiló kicsontozott borjúlapocka, megkötve

3 evőkanál olívaolaj

2 gerezd fokhagyma

1 (2 hüvelykes) ág rozmaring

Só és frissen őrölt fekete bors

1 csésze száraz fehérbor

1 csésze házilagHúsleves, vagy bolti marhahúsleves

1. Állítsa a sütőrácsot a sütő középső szintjére. Melegítse elő a sütőt 350 °F-ra.

2. Egy holland sütőben vagy más mély, nehéz edényben, szorosan záródó fedővel, melegítsük fel az olívaolajat közepes lángon. Helyezze a sült edénybe. A húst minden oldalról jól megpirítjuk, körülbelül 20 perc alatt.

3. A borjúhús köré szórjuk a fokhagymát és a rozmaringot. A húst megszórjuk sóval, borssal. Adjuk hozzá a bort, és forraljuk lassú tűzön körülbelül 1 percig. Adjuk hozzá a levest, és fedjük le a serpenyőt. Tegye át a sütőbe.

4. Főzzük a húst 1 1/2 órán keresztül, vagy amíg villával megszúrva nagyon puha nem lesz.

5. Tegye át a húst egy vágódeszkára. Letakarjuk és 10 percig pihentetjük. Ha túl sok folyadék maradt az edényben, tegyük az edényt a tűzhely tetejére, és forraljuk addig, amíg el nem csökken. Ízlés szerint sózzuk, borsozzuk.

6. Távolítsa el a szálakat, és szeletelje fel a húst, és tegye egy meleg tálra. Rákanalazzuk a szószt, és forrón tálaljuk.

Borjúhússal töltött káposzta

Involtini di Verza

8 adagot készít

A milánói szakácsok borjúhússal töltött káposzta tekercset kínálnak egyszerű rizspilaffal vagy burgonyapürével. A borjúhúst ehhez a recepthez nagyon finomra kell őrölni, ezért magam aprítom a robotgépben. A ráncos levelű Savoy káposzta lágyabb és édesebb, mint a sima levelű káposzta, de ebben a receptben bármelyik használható.

16 nagy levelű Savoyas káposzta

1 1/2 font csont nélküli borjúlapocka, 2 hüvelykes darabokra vágva és jól megvágva

1/2 piros vagy sárga kaliforniai paprika apróra vágva

2 nagy tojás

3/4 csésze frissen reszelt Parmigiano-Reggiano

2 evőkanál apróra vágott friss lapos petrezselyem

1/4 teáskanál frissen őrölt szerecsendió

11/2 teáskanál só

Frissen őrölt fekete bors

½ csésze univerzális liszt

2 evőkanál sótlan vaj

2 evőkanál növényi olaj

1 csésze hámozott, kimagozott és apróra vágott friss paradicsom vagy apróra vágott konzerv paradicsom

2 csésze házilagTyúkhúslevesvagyHúsleves, vagy bolti csirke- vagy marhahúsleves

1. Forraljunk fel egy nagy fazék vizet. Adjuk hozzá a káposztaleveleket, és főzzük, amíg puha és rugalmas nem lesz, körülbelül 2 percig. A káposztát lecsepegtetjük és folyó víz alatt lehűtjük. Szárítsa meg a leveleket, és helyezze el őket egy sima felületre.

2. Aprítógépben a borjúhúst apróra vágjuk. Adjuk hozzá a kaliforniai paprikát, a tojást, a sajtot, a petrezselymet, a szerecsendiót, sózzuk és borsozzuk. Nagyon finomra dolgozzuk.

3. Minden káposztalevél közepébe kanalazzon 1/4 csésze húskeveréket. Hajtsa rá az oldalát a húsra, majd hajtsa rá a

tetejét és az alját, hogy szép csomagot kapjon. Fogpiszkálóval hosszában lezárjuk.

4. Helyezze a lisztet egy sekély tálba. Egy nagy serpenyőben közepes lángon olvasszuk fel a vajat az olajjal. A káposztacsomagokat egyenként megforgatjuk a lisztben, majd a tepsibe tesszük. (Annyi tekercset adjunk hozzá, hogy kényelmesen elférjen a serpenyőben.) Süssük meg minden oldalukat kb. 10 perc alatt. Tedd át őket egy tányérra. A maradékot ugyanígy megpirítjuk.

5. Amikor az összes tekercset a tányérra tettem, hozzáadjuk a paradicsomot és a húslevest a serpenyőbe. Sózzuk, borsozzuk. Tegye vissza a káposzta tekercseket a serpenyőbe. Részlegesen letakarva főzzük 40 percig, 20 perc után egyszer megfordítva a tekercseket.

6. Tegye át a tekercseket egy tálra. (Ha túl híg a szósz, addig forraljuk, amíg besűrűsödik.) A szószt rákanalazzuk a tekercsekre, és forrón tálaljuk.

Borjú- és tonhalcipó

Polpettone di Vitello e Tonno

8 adagot készít

Ez a piemonti régióból származó tűzhelyes kenyér a vitello tonnato ízeit ötvözi (Borjúhús tonhalszószban) – hidegen buggyantott borjúhús tonhalmártásban – húscipóban. Buliba kiváló, mert előre elkészíthető és szobahőmérsékleten tálalható. Salátaágyon tálaljuk kis savanyúsággal és paradicsomszeletekkel mellé. A könnyű kapribogyós és citromos szósz a szokásos kísérő, de helyettesítheti isZöld szószvagyCitrom majonéz.

1 csésze tépett kéregtelen olasz vagy francia kenyér

1/2 csésze tej

1 (61/2 uncia) doboz olasz tonhal olívaolajban, lecsepegtetve

6 szardella filé, lecsepegtetve

2 gerezd fokhagyma, apróra vágva

11/4 font őrölt borjúhús

2 nagy tojás, felverve

2 evőkanál apróra vágott friss lapos petrezselyem

Só és frissen őrölt fekete bors

Öltözködés

½ csésze extra szűz olívaolaj

2 evőkanál friss citromlé

2 evőkanál kapribogyót leöblítve, lecsepegtetve és feldarabolva

1 evőkanál apróra vágott friss lapos petrezselyem

1. Áztassa a kenyeret a tejben puhára, körülbelül 5 percig. Csavarja ki a felesleges folyadékot, és tegye a kenyeret egy nagy tálba.

2. A tonhalat, a szardellat és a fokhagymát apróra vágjuk. A keveréket kaparjuk a tálba, és adjuk hozzá a borjúhúst, a tojást, a petrezselymet, és ízlés szerint sózzuk, borsozzuk. Nagyon jól keverjük össze.

3. Enyhén nedvesítsen meg vízzel egy 14 × 12 hüvelykes sajtkendőt. Helyezze sima felületre. Formázz a húskeverékből 9 hüvelykes cipót, és középre helyezd a ruhán. Tekerje a ruhát a cipóra, hajtsa be, mint egy csomagot, és zárja be teljesen. Konyhai zsinórral kösse meg a cipót 2 hüvelykes időközönként, mint egy sültet.

4. Töltsön meg egy akkora edényt vízzel, hogy elférjen benne a hússzelet, és forralja fel. Adjuk hozzá a húsos cipót, fedjük le részben az edényt, és főzzük 45 percig, miközben a cipót egyszer-kétszer megfordítjuk. Kapcsolja le a hőt, és hagyja állni 15 percig.

5. Vegyük ki a húscipót a folyadékból, és tegyük rácsra, hogy lecsöpögjön és kissé lehűljön. Ha nem áll készen a tálalásra, távolítsa el a sajtkendőt, csomagolja be a cipót műanyag fóliába, és hűtse le.

6. Tálaláskor keverjük össze az öntet hozzávalóit egy kis tálban. A húsos cipót kicsomagoljuk és szeletekre vágjuk. A szeleteket egy tálra rendezzük, és meglocsoljuk a szósszal. Azonnal tálaljuk.

Velencei máj és hagyma

Fegato alla Veneziana

4 adagot készít

Ebben a klasszikus venetói ételben a borjúmájat nagyon vékony csíkokra szeleteljük, és vékonyra szeletelt hagymával megdinszteljük. Ha teheti, a hentes vágja le és szeletelje fel a borjúhúst. A májat és a hagymát forrón tálaljukPolentafehér kukoricadarából készült.

3 evőkanál olívaolaj

3 nagy hagyma, vékonyra szeletelve

1 1/2 font borjúmáj, levágva és nagyon vékony csíkokra vágva

Só és frissen őrölt fekete bors

1 evőkanál fehérborecet

1 evőkanál apróra vágott friss lapos petrezselyem

1. Egy nagy serpenyőben közepes lángon hevíts fel 2 evőkanál olajat. Adjuk hozzá a hagymát, és főzzük gyakran kevergetve, amíg a hagyma nagyon puha és aranybarna nem lesz, körülbelül

15 percig. Adjunk hozzá egy kevés vizet, ha szükséges, hogy ne barnuljanak meg.

2.A hagymát egy tányérra kaparjuk. Adjuk hozzá a maradék olajat a serpenyőbe, és melegítsük közepes lángon. Adjuk hozzá a májat és ízlés szerint sózzuk, borsozzuk. Emelje fel a hőt magasra, és főzze gyakran kevergetve, amíg a máj elveszíti rózsaszínű színét, körülbelül 5 percig.

3.Visszatesszük a hagymát a serpenyőbe, és hozzáadjuk az ecetet. Addig keverjük, amíg a hagyma fel nem melegszik, körülbelül 3 percig. Megszórjuk petrezselyemmel és azonnal tálaljuk.

Töltött borjúmell

Cima alla Genovese

10-12 adagot tesz ki

A darált hússal, zöldségekkel és sajttal töltött, kicsontozott borjúmell sok genovai otthonban fontos része a karácsonyi vacsorának, bár egész évben fogyasztják. A borjúhúst vékony szeletekre vágjuk, és simán vagy mellé tálaljukZöld szósz. Rendelje meg a borjúhúst a hentestől, és kérje meg, hogy távolítsa el a lehető legtöbb zsírt, és készítsen egy mély zsebet. A borjúhús tölteléke nem kis munka, de akár több nappal előre is megfőzhető, így buliba is kiváló.

Szüksége lesz egy elég nagy edényre a borjúhús tárolására, például egy 4-5 gallonos fazékra vagy egy nagy pulykasütőre. Ezek bármelyikét olcsón megvásárolhatja, vagy kölcsönözhet egyet egy barátjától. Szüksége lesz egy erős tűre és ízesítetlen fogselyemre is, hogy a tömést a mellbe varrja.

4 liter hideg víz

2 sárgarépa

1 zeller borda

2 közepes hagyma

2 gerezd fokhagyma

Néhány petrezselyem ág

1 evőkanál só

Töltő

3 szelet olasz vagy francia kenyér, héját eltávolítva és darabokra tépve (kb. 1/2 csésze)

¼ csésze tej

1 font őrölt borjúhús

4 nagy tojás, felverve

1 csésze frissen reszelt Parmigiano-Reggiano

2 gerezd fokhagyma, apróra vágva

¼ csésze apróra vágott friss lapos petrezselyem

Só és frissen őrölt fekete bors

2 csésze friss borsó vagy 1 (10 uncia) csomag fagyasztott borsó, részben felolvasztva

4 uncia sonka egy darabban, apró kockákra vágva

¼ csésze fenyőmag

Körülbelül 5 kiló csont nélküli borjúmell zsebbel, jól nyírt

Radicchio, koktélparadicsom, olívabogyó, vagy ecetes zöldségek köretnek

1. Egy akkora edényben, hogy elférjen benne a töltött borjúmell, keverje össze a hideg vizet, a sárgarépát, a zellert, a hagymát, a fokhagymát, a petrezselymet és a sót. Közepes lángon forraljuk fel a vizet. 20 percig lassú tűzön főzzük.

2. Közben elkészítjük a tölteléket: Egy kis tálban keverjük össze a kenyeret és a tejet. 5 percig állni hagyjuk. Óvatosan nyomja össze a kenyeret, hogy lecsepegjen.

3. Egy nagy tálban keverje össze a kenyeret, a darált borjúhúst, a tojást, a sajtot, a fokhagymát, a petrezselymet, és ízlés szerint sózzuk és borsozzuk. Jól összekeverni. Óvatosan keverjük hozzá a borsót, a sonkát és a fenyőmagot.

4. Öblítse le a borjúmellet, és törölje szárazra papírtörlővel. Töltsük a keveréket a borjúhús zsebébe, egyenletesen töltsük meg a légbuborékok eltávolítása érdekében. (Ne töltse meg a zsebet több mint kétharmadáig, különben a töltelék sütés közben kitörhet.) Varrja fel a nyílást egy nagy tűvel és egy

ízesítetlen fogselyem cérnával. Ellenőrizze az oldalakat, és ha van olyan nyílás, amely a töltelék kiszivárgásával fenyeget, varrja le azokat is.

5. Fektesse a borjúmellet egy 12 × 16 hüvelykes sajtkendőre. Tekerje a ruhát a borjúhús köré, hogy csomagot képezzen. Kösse össze a hústekercset konyhai zsinórral 2 hüvelykes részekre, mint egy sültet.

6. Óvatosan engedje le a borjúhúst a forrásban lévő folyadékba. Helyezzen egy kis fazék fedelét vagy más tárgyat a borjúhús tetejére, hogy elmerüljön. Ha szükséges, adjunk hozzá még vizet, hogy teljesen ellepje.

7. Forraljuk vissza a folyadékot. A hőt úgy szabályozzuk, hogy a víz tovább forrjon. Fedjük le és főzzük 1 órát. Fedjük le, és főzzük még 1-11/2 órát, vagy amíg a borjú megpuhul, ha kis késsel megszúrjuk. (Szúrja át a sajtruhán keresztül.)

8. Készítsen elő egy nagy serpenyőt. Helyezze át a hústekercset a serpenyőbe. A becsomagolt húst tepsivel vagy tepsivel lefedjük. Helyezzen rá egy nehéz súlyt, például vágódeszkát és nagy konzervdobozokat. Hűtőszekrényben hűtjük egy éjszakán át vagy legfeljebb 2 napig.

9. Tálaláskor csomagolja ki a borjúhúst. Helyezze a borjúhúst egy vágódeszkára.

10. A borjúhúst vékony szeletekre vágjuk, és egy tálra tesszük. Díszítsd radicchio-val vagy tetszés szerinti körettel. Szobahőmérsékleten tálaljuk.

Kolbász és borsos serpenyő

Salsicce Padellában

4 adagot készít

Mindig tudom, mikor van utcai vásár a New York-i környékemen. A grillen sült kolbász, hagyma, paprika illata már jóval a vásár előtt megtölti a levegőt. Ugyanez a kombináció serpenyőben főzve gyors egytálétel készíthető. Tálaljuk rusztikus vörösborral és olasz kenyérrel.

2 evőkanál olívaolaj

1 kiló olasz stílusú sertéskolbász, 1 hüvelykes darabokra vágva

1 közepes hagyma, 1 hüvelykes darabokra vágva

3 közepes univerzális burgonya, meghámozva és 1 hüvelykes kockákra vágva

1 zöld kaliforniai paprika, kimagozva és 1 hüvelykes darabokra vágva

1 piros kaliforniai paprika kimagozva és 1 hüvelykes darabokra vágva

Só és frissen őrölt fekete bors

1. Melegítsük fel az olajat egy nagy serpenyőben közepes lángon. Hozzáadjuk a kolbászt, és minden oldalukat jól megpirítjuk. Lekanalazzuk a felesleges zsírt.

2. Adja hozzá a többi hozzávalót a serpenyőbe. Fedjük le, és lassú tűzön, időnként megkeverve főzzük, amíg a burgonya megpuhul és a kolbász megpuhul, körülbelül 20 percig. Forrón tálaljuk.

Búzadara Gnocchi

Gnocchi alla Romana

4-6 adagot tesz ki

Ügyeljen arra, hogy a búzadarát a folyadékkal teljesen megfőzzük. Ha alulsült, akkor hajlamos masszává olvadni, ahelyett, hogy sütés közben megtartaná a formáját. De még ha ez meg is történik, akkor is remek íze lesz.

2 csésze tej

2 csésze víz

1 csésze finom búzadara

2 teáskanál só

4 evőkanál sótlan vaj

2/3 csésze frissen reszelt Parmigiano-Reggiano

2 tojássárgája

1. Egy közepes serpenyőben a tejet és 1 csésze vizet közepes lángon forraljuk fel. Keverje össze a maradék 1 csésze vizet és a búzadarát. A keveréket a folyadékba kaparjuk. Adjuk hozzá a sót.

Folyamatos keverés mellett főzzük, amíg a keverék fel nem forr. Csökkentse a hőt alacsonyra, és jól keverve főzzük 20 percig, vagy amíg a keverék nagyon sűrű nem lesz.

2. Vegyük le az edényt a tűzről. Hozzákeverünk 2 evőkanál vajat és a sajt felét. Habverővel gyorsan hozzákeverjük a tojássárgáját.

3. Enyhén nedvesítse meg a tepsit. A búzadarát a lapra öntjük, és fém spatulával 1/2 hüvelyk vastagságra szétterítjük. Hagyja kihűlni, majd fedje le, és hűtse le egy órán át, vagy legfeljebb 48 órán keresztül.

4. Helyezzen egy rácsot a sütő közepére. Melegítsük elő a sütőt 400°F-ra. Vajazz ki egy 13 × 9 × 2 hüvelykes sütőedényt.

5. Mártson egy 1 1/2 hüvelykes sütemény- vagy kekszvágót hideg vízbe. Vágja ki a búzadarából köröket, és helyezze el a darabokat az előkészített tepsiben, kissé átfedve.

6. Olvasszuk fel a maradék 2 evőkanál vajat egy kis serpenyőben, és csorgassuk rá a gnocchira. Megszórjuk a maradék sajttal. Süssük 20-30 percig, vagy amíg aranybarna és bugyogó nem lesz. Tálalás előtt 5 percig hagyjuk hűlni.

Abruzzese kenyérgombóc

Polpette di Pane al Sugo

6-8 adagot tesz ki

Amikor meglátogattam az abruzzói Orlandi Contucci Ponno pincészetet, kóstolhattam kiváló boraikat, amelyekben fehér Trebbiano d'Abruzzo és vörös Montepulciano d'Abruzzo fajták, valamint több házasítás is szerepelt. Az ilyen jó borok jó ételeket érdemelnek, és az ebédünk sem okozott csalódást, főleg a tojásból, sajtból és paradicsomszószban párolt kenyérből készült galuskák. Bár korábban soha nem ettem, egy kis kutatás rámutatott, hogy ezek a "húsmentes húsgombócok" Olaszország más régióiban is népszerűek, például Calabriában és Basilicatában.

A pincészet szakácsnője elmesélte, hogy a gombócokat a kenyér mollicájával készítette el – a kenyér belsejét eltávolították a kéreggel. Az egész cipóval elkészítem. Mivel az itteni olasz kenyér, amit itt vásárolok, nem olyan erős, mint az olaszországi kenyér, a kéreg struktúrát ad a galuskának.

Ha előre szeretné elkészíteni ezeket, a gombócokat és a szószt külön kell tartani egészen a tálalásig, hogy a gombócok ne igyanak fel túl sokat a szószból.

1 12 uncia olasz vagy francia kenyér, 1 hüvelykes darabokra vágva (körülbelül 8 csésze)

2 csésze hideg víz

3 nagy tojás

½ csésze reszelt Pecorino Romano, plusz még a tálaláshoz

¼ csésze apróra vágott friss petrezselyem

1 gerezd fokhagyma, finomra vágva

Növényi olaj sütéshez

Szósz

1 közepes hagyma, apróra vágva

½ csésze olívaolaj

2 (28 uncia) konzerv importált olasz hámozott paradicsomot a levével, apróra vágva

1 apró szárított peperoncino, morzsolva, vagy egy csipet törött pirospaprika

Só

6 friss bazsalikom levél

1. Vágja vagy tépje fel a kenyeret apró darabokra, vagy darálja a kenyeret konyhai robotgépben durva morzsára. Áztassa a kenyeret a vízben 20 percig. Nyomja össze a kenyeret, hogy eltávolítsa a felesleges vizet.

2. Egy nagy tálban verjük fel a tojást, a sajtot, a petrezselymet és a fokhagymát egy csipet sóval és borssal ízlés szerint. Hozzákeverjük a morzsolt kenyeret és nagyon jól összekeverjük. Ha a keverék száraznak tűnik, keverj hozzá egy másik tojást. Jól összekeverni. Formázz a keverékből golflabda méretű labdákat.

3. Öntsön annyi olajat egy nagy serpenyőbe, hogy 1/2 hüvelyk mélységet érjen el. Közepes lángon hevítsük fel az olajat, amíg a kenyérkeverékből egy csepp sercegni nem kezd, amikor az olajba helyezzük.

4. Tegyük a golyókat a serpenyőbe, és óvatosan forgatva süssük minden oldalról aranybarnára, körülbelül 10 perc alatt. Papírtörlőn csepegtessük le a golyókat.

5. A szósz elkészítéséhez egy nagy serpenyőben a hagymát olívaolajon közepes lángon puhára főzzük. Adjuk hozzá a paradicsomot, a peperoncinót és ízlés szerint sózzuk. 15 percig pároljuk, vagy amíg kissé besűrűsödik.

6. Adjuk hozzá a kenyérgolyókat, és kenjük meg a szósszal. Pároljuk még 15 percig. Megszórjuk a bazsalikommal. További sajttal tálaljuk.

Ricottával töltött palacsinta

Manicotti

6-8 adagot tesz ki

Bár sok szakács tésztacsöves manikottit használ, ez anyám nápolyi családi receptje, palacsintából készült. A kész manikottik sokkal könnyebbek, mint a tésztával készülnének, és egyes szakácsok könnyebben elkészíthetik a manikottit palacsintával.

3 csésze nápolyi ragù

Palacsinta

1 csésze univerzális liszt

1 csésze víz

3 tojás

½ teáskanál só

Növényi olaj

Töltő

2 kiló egészben vagy részben sovány ricotta

4 uncia friss mozzarella apróra vágva vagy aprítva

½ csésze frissen reszelt Parmigiano-Reggiano

1 nagy tojás

2 evőkanál apróra vágott friss lapos petrezselyem

Frissen őrölt fekete bors ízlés szerint

Csipet só

½ csésze frissen reszelt Parmigiano-Reggiano

1. Készítsd elő a ragut. Ezután egy nagy tálban keverjük simára a krepp hozzávalóit. Fedjük le és hűtsük le 30 percre vagy tovább.

2. Melegíts fel egy 6 hüvelykes tapadásmentes serpenyőt vagy omlett serpenyőt közepes lángon. A serpenyőt vékonyan megkenjük olajjal. Egyik kezében tartva a serpenyőt, kanalazzon bele körülbelül 1/3 csésze krepptésztát. Azonnal emelje fel és forgassa el a serpenyőt, hogy az alapot teljesen befedje egy vékony réteg tésztával. Öntse le a felesleges tésztát. Főzzük egy percig, vagy amíg a palacsinta széle megbarnul, és el nem kezd leválni a serpenyőről. Az ujjaival fordítsa meg a palacsintát, és enyhén pirítsa meg a másik oldalát. Főzzük még 30 másodpercig, vagy amíg barna foltos lesz.

3.Csúsztassa a főtt palacsintát egy tányérra. Ismételje meg, és készítsen palacsintát a maradék tésztából, és helyezze őket egymásra.

4.A töltelék elkészítéséhez keverje össze az összes hozzávalót egy nagy tálban, amíg össze nem áll.

5.Egy 13 × 9 × 2 hüvelykes tepsibe kanalazzon egy vékony réteg szószt. A palacsinta töltéséhez tegyünk körülbelül 1/4 csésze tölteléket hosszában a palacsinta egyik oldalára. A palacsintát henger alakúra tekerjük, és varrással lefelé a tepsibe tesszük. Folytassa a maradék palacsintákat megtöltve és hengerelve, szorosan egymás mellé helyezve. Rákanalazunk további szószt. Megszórjuk sajttal.

6.Helyezzen egy rácsot a sütő közepére. Melegítse elő a sütőt 350 °F-ra. Süssük 30-45 percig, vagy amíg a szósz fel nem forr, és a manicotti át nem melegszik. Forrón tálaljuk.

Abruzzese krepp és gomba Timbale

Timballo di Scrippelle

8 adagot készít

Egy barátja, akinek a nagymamája az abruzzói Teramóból származott, felidézte a finom, gombával és sajttal rakott palacsintát, amelyet a nagymamája készített ünnepekre. Íme ennek az ételnek egy változata, amelyet a Slow Food Editore Ricette di Osterie d'Italia című könyvéből adaptáltam. A könyv szerint a palacsinta a francia szakácsok által a XVII.

21/2 csésze[Toszkán paradicsomszósz](#)

Palacsinta

5 nagy tojás

11⁄2 csésze víz

1 teáskanál só

11⁄2 csésze univerzális liszt

Növényi olaj sütéshez

Töltő

1 csésze szárított gomba

1 csésze meleg víz

¼ csésze olívaolaj

1 font friss fehér gomba, leöblítve és vastag szeletekre vágva

1 gerezd fokhagyma, finomra vágva

2 evőkanál friss lapos petrezselyem

Só és frissen őrölt fekete bors

12 uncia friss mozzarella, szeletelve és 1 hüvelykes darabokra tépve

1 csésze frissen reszelt Parmigiano-Reggiano

1. Készítsük el a paradicsomszószt. Egy nagy tálban keverjük simára a krepp hozzávalóit. Fedjük le és hűtsük le 30 percre vagy tovább.

2. Melegíts fel egy 6 hüvelykes tapadásmentes serpenyőt vagy omlett serpenyőt közepes lángon. A serpenyőt vékonyan megkenjük olajjal. Egyik kezében tartva a serpenyőt, kanalazzon bele körülbelül 1/3 csésze krepptésztát. Azonnal emelje fel és forgassa el a serpenyőt, hogy az alapot teljesen befedje egy vékony réteg tésztával. Öntse le a felesleges tésztát. 1 percig

főzzük, vagy amíg a palacsinta széle megbarnul, és el nem kezd leválni a serpenyőről. Az ujjaival fordítsa meg a palacsintát, és enyhén pirítsa meg a másik oldalát. Főzzük még 30 másodpercig, vagy amíg barna foltos lesz.

3. Csúsztassa a főtt palacsintát egy tányérra. Ismételje meg a palacsinta elkészítését a maradék tésztával, és rakja egymásra.

4. A töltelék elkészítéséhez a szárított gombát áztassuk be a vízbe 30 percre. Távolítsa el a gombát, és tartsa le a folyadékot. Öblítse le a gombát hideg folyóvíz alatt, hogy eltávolítsa a szemcséket, különös figyelmet fordítva a szárak végére, ahol a talaj összegyűlik. A gombát durvára vágjuk. A gombás folyadékot papír kávészűrőn keresztül egy tálba szűrjük.

5. Egy nagy serpenyőben hevítsük fel az olajat. Adjuk hozzá a gombát. Főzzük gyakran kevergetve, amíg a gomba megpirul, 10 percig. Adjuk hozzá a fokhagymát, a petrezselymet és ízlés szerint sózzuk, borsozzuk. Főzzük, amíg a fokhagyma aranybarna nem lesz, körülbelül 2 percig. Hozzákeverjük a szárított gombát és a folyadékot. Főzzük 5 percig, vagy amíg a folyadék nagy része el nem párolog.

6. Helyezzen egy rácsot a sütő közepére. Melegítse elő a sütőt 375 °F-ra. Egy 13 × 9 × 2 hüvelykes tepsibe kanalazzon egy vékony

réteg paradicsomszószt. Készítsen egy réteg palacsintát, kissé átfedve őket. Kövesse egy réteg gombát, mozzarellát, szószt és sajtot. Ismételje meg a rétegezést a palacsintával, a szósszal és a reszelt sajttal befejezve.

7.Süssük 45-60 percig, vagy amíg a szósz felpezsdül. Tálalás előtt 10 percig pihentetjük. Négyzetekre vágjuk és forrón tálaljuk.

Toszkán kézzel készített spagetti húsmártással

Pici al Ragù

6 adagot készít

Toszkánában és Umbria egyes részein népszerűek a rágós kézzel készített tésztaszálak, amelyeket általában húsragúval szórnak. A tésztát picinek vagy pincinek nevezik, és az appicciata szóból származik, ami azt jelenti, hogy "kézzel megnyújtották".

Ezeket Montefollonicóban a La Chiusa nevű étteremben tanultam meg elkészíteni, ahol minden asztalhoz jön a szakács, és egy kis bemutatót tart az étkezőknek, hogyan kell elkészíteni. Ezeket nagyon egyszerű elkészíteni, bár időigényes.

3 csésze fehérítetlen univerzális liszt, plusz még a tészta formázásához

Só

1 evőkanál olívaolaj

Körülbelül 1 csésze víz

    6 csésze Toszkán hús szósz

½ csésze frissen reszelt Parmigiano-Reggiano

1. Tegye a lisztet és a 1/4 teáskanál sót egy nagy tálba, és keverje össze. Öntsön olívaolajat a közepébe. Kezdje el keverni a keveréket, miközben lassan ad hozzá vizet, és hagyja abba, amikor a tészta kezd összeállni és golyót formálni. A tésztát enyhén lisztezett felületre szedjük, és körülbelül 10 perc alatt simára és rugalmasra gyúrjuk.

2. A tésztából golyót formázunk. Fedjük le egy felborított tállal, és hagyjuk állni 30 percig.

3. Egy nagy tepsit szórjunk meg liszttel. A tésztát negyedekre osztjuk. Egyszerre a tészta egynegyedével dolgozzunk, miközben a maradékot lefedjük. Csípje le a kis darabokat, akkora, mint egy mogyoró.

4. Enyhén lisztezett felületen, kinyújtott kézzel, minden tésztadarabot kinyújtunk, hogy vékony, körülbelül 1/8 hüvelyk vastagságú szálakat formázzon. Helyezze a szálakat az előkészített tepsire úgy, hogy közöttük legyen egy kis hely. Ismételje meg a maradék tésztával. Hagyja a tésztát fedetlenül száradni körülbelül 1 órát.

5. Közben elkészítjük a szószt. Ezután forraljunk fel 4 liter vizet egy nagy fazékban. Sózzuk ízlés szerint. Adjuk hozzá a picit, és főzzük al dente-ig, puhára, de még mindig feszesre.

Lecsepegtetjük, és a tésztát a szósszal egy nagy, felmelegített tálba dobjuk. Megszórjuk a sajttal, és újra összeforgatjuk. Forrón tálaljuk.

Pici fokhagymával és zsemlemorzsával

Pici con le Briciole

4-6 adagot tesz ki

Ez az étel a La Fattoria, egy furcsa tóparti étteremből származik, Chiusi etruszk város közelében.

1 font Toszkán kézzel készített spagetti húsmártással, lépések 1-6

½ csésze olívaolaj

4 nagy gerezd fokhagyma

½ csésze finom száraz zsemlemorzsa

½ csésze frissen reszelt Pecorino Romano

1. Készítsük el a tésztát. Egy akkora serpenyőben, hogy az összes tészta elférjen, melegítse fel az olajat közepes-alacsony lángon. A fokhagymagerezdeket enyhén törjük össze, és tegyük a serpenyőbe. Főzzük, amíg a fokhagyma aranybarna nem lesz, körülbelül 5 percig. Ne hagyja, hogy megbarnuljon. Vegye ki a fokhagymát a serpenyőből, és keverje hozzá a zsemlemorzsát. Főzzük gyakran kevergetve, amíg a morzsa megpirul, körülbelül 5 percig.

2. Közben forraljunk fel legalább 4 liter vizet. Adjuk hozzá a tésztát és 2 evőkanál sót. Jól keverjük össze. Főzzük magas lángon, gyakran kevergetve, amíg a tészta al dente nem lesz, puha, de harapásálló. A tésztát lecsepegtetjük.

3. Tegye a tésztát a serpenyőbe a morzsával, és közepes lángon jól keverje össze. Megszórjuk a sajttal, és újra összeforgatjuk. Azonnal tálaljuk.

Búzadara tészta

Körülbelül 1 fontot tesz ki

A kemény durumbúzából készült búzadarából készült lisztet többféle frisstészta készítésére használják Dél-Olaszországban, különösen Pugliában, Calabriában és Basilicatában. Főzés közben ezek a tészták rágósak, és jól párosulnak robusztus hús- és zöldségszószokkal. A tészta nagyon kemény. Kézzel is dagasztható, pedig elég edzés. Inkább konyhai robotgépet vagy nagy teljesítményű turmixgépet használok a kemény keveréshez, majd kézzel röviden átgyúrom, hogy megfelelő legyen az állaga.

1 1/2 csésze finom búzaliszt

1 csésze univerzális liszt, plusz még a porozáshoz

1 teáskanál só

Körülbelül 2/3 csésze meleg víz

1. Egy konyhai robotgép vagy nagy teljesítményű álló mixer táljában keverjük össze a száraz hozzávalókat. Fokozatosan adjunk hozzá vizet, hogy kemény, nem ragadós tésztát kapjunk.

2. A tésztát enyhén lisztezett felületre borítjuk. Gyúrjuk simára, kb 2 perc.

3. Fedjük le a tésztát egy tálkával, és hagyjuk 30 percig pihenni. Két nagy tepsit szórjunk meg liszttel.

4. A tésztát 8 részre vágjuk. Egyszerre egy-egy darabbal dolgozzunk, a többi darabot lefedjük egy felborított tállal. Enyhén lisztezett felületen a tészta egyik darabját egy hosszú, körülbelül 1/2 hüvelyk vastagságú kötélré sodorjuk. A tésztából cavatellit vagy orrecchiette-t formázunk a leírás szerintCavatelli Ragùvalrecept.

Cavatelli Ragùval

Cavatelli con Ragù

6-8 adagot tesz ki

A tésztakészítő berendezésekre szakosodott üzletek és katalógusok gyakran árulnak cavatelli készítésére alkalmas készüléket. Úgy néz ki, mint egy régimódi húsdaráló. A pultra szorítod, az egyik végébe beszúrsz egy kötél tésztát, elforgatod a hajtókart, és a másik végén szépen elkészített cavatelli jön ki. Ebből a tésztából egy adag rövid ideig működik, de nem foglalkoznék vele, hacsak nem készítek gyakran cavatelit.

A cavatelli formázásakor fa vagy más érdes szerkezetű felületen dolgozzunk. Az érdes felület megtartja a tésztadarabkákat, lehetővé téve, hogy a késsel rángassák őket, ahelyett, hogy elcsúsznának, mint egy sima, sima munkalapon.

Kolbász RagùvagySzicíliai paradicsomszósz

1 fontBúzadara tésztaelőkészítve a 4. lépésben

Só

1. Készítsd el a ragut vagy a szószt. Készítsen elő 2 liszttel megszórt tepsit.

2. Vágja a tésztát 1/2 hüvelykes darabokra. Fogjon egy kis kést tompa pengével és lekerekített hegyével úgy, hogy a mutatóujját nyomja a kés pengéjéhez. Lapítsunk el minden tésztadarabot, enyhén nyomkodjuk és húzzuk úgy, hogy a tészta a kés hegye köré csavarodva héjformájú legyen.

3. A darabokat az előkészített tepsikre terítjük. Ismételje meg a maradék tésztával. (Ha egy órán belül nem használja fel a cavatellit, helyezze a serpenyőket a fagyasztóba. Amikor a darabok megszilárdultak, kanalazzuk őket műanyag zacskóba, és szorosan zárjuk le. Főzés előtt ne olvasszuk fel.)

4. Főzéshez forraljunk fel négy liter hideg vizet nagy lángon. Adjuk hozzá a cavatellit és 2 evőkanál sót. Időnként megkeverve addig főzzük, amíg a tészta puha, de még kissé rágós lesz.

5. A cavatellit lecsepegtetjük, és egy felforrósított tálba öntjük. Felöntjük a szósszal. Forrón tálaljuk.

Cavatelli Calamarival és Sáfránnyal

Cavatelli Sugo di Calamarival

6 adagot készít

A tintahal enyhén rágós állaga kiegészíti a cavatelli rágósságát ebben a kortárs szicíliai receptben. A szósz sima, bársonyos textúrát kap a liszt és olívaolaj keverékétől, és szép sárga színt a sáfránytól.

1 teáskanál sáfrány szál

2 evőkanál meleg víz

1 közepes hagyma, apróra vágva

2 gerezd fokhagyma, nagyon apróra vágva

5 evőkanál olívaolaj

1 kiló tisztítva<u>tintahal</u>(tintahal), vágjuk 1/2 hüvelykes karikákra

½ csésze száraz fehérbor

Só és frissen őrölt fekete bors

1 evőkanál liszt

1 font friss vagy fagyasztott cavatelli

¼ csésze apróra vágott friss lapos petrezselyem

Extra szűz olívaolaj

1. A sáfrányt morzsoljuk bele a meleg vízbe, és tegyük félre.

2. Egy akkora serpenyőben, hogy az összes tészta elférjen, a hagymát és a fokhagymát 4 evőkanál olajban közepes lángon főzzük, amíg a hagyma enyhén aranysárga lesz, körülbelül 10 perc alatt. Hozzáadjuk a tintahalat, és kevergetve addig főzzük, amíg a tintahal átlátszatlanná válik, körülbelül 2 percig. Adjuk hozzá a bort és ízlés szerint sózzuk, borsozzuk. Forraljuk fel, és főzzük 1 percig.

3. Keverjük össze a maradék 1 evőkanál olajat és a lisztet. A keveréket a tintahalhoz keverjük. Forraljuk fel. Adjuk hozzá a sáfrányos keveréket, és főzzük még 5 percig.

4. Közben forraljunk fel legalább 4 liter vizet. Adjuk hozzá a tésztát és 2 evőkanál sót. Jól keverjük össze. Főzzük magas lángon, gyakran kevergetve, amíg a tészta megpuhul, de kissé megpuhul. A tésztát lecsepegtetjük, a főzővíz egy részét tartalékoljuk.

5. A tésztát a serpenyőbe keverjük a tintahalral. Adjon hozzá egy keveset a fenntartott főzővízből, ha a keverék száraznak tűnik. Belekeverjük a petrezselymet és jól összekeverjük. Levesszük a

tűzről, és meglocsoljuk egy kevés extra szűz olívaolajjal. Azonnal tálaljuk.

Cavatelli rukkolával és paradicsommal

Cavatelli Rughetta és Pomodorival

4-6 adagot tesz ki

A rukkolát leginkább salátazöldként ismerik, de Pugliában gyakran megfőzik, vagy, mint ebben a receptben, az utolsó pillanatban keverik forró levesbe vagy tésztaételekbe, hogy csak megfonnyadjon. Imádom a diós fűszeres ízt, amit hozzáad.

¼ csésze olívaolaj

2 gerezd fokhagyma, apróra vágva

2 font érett szilvaparadicsom meghámozva, kimagozva és apróra vágva, vagy 1 (28 uncia) konzervdoboz importált olasz hámozott paradicsom a levével együtt

Só és frissen őrölt fekete bors

1 font friss vagy fagyasztott cavatelli

½ csésze reszelt ricotta saláta vagy Pecorino Romano

1 nagy csokor rukkola, vágva és falatnyi darabokra tépve (kb. 2 csésze)

1. Egy akkora serpenyőben, hogy az összes hozzávalót elférjen, a fokhagymát az olajon közepes lángon enyhén aranysárgára sütjük, körülbelül 2 perc alatt. Adjuk hozzá a paradicsomot és ízlés szerint sózzuk, borsozzuk. Forraljuk fel a szószt, és főzzük addig, amíg besűrűsödik, körülbelül 20 percig.

2. Forraljon fel legalább 4 liter vizet. Adjuk hozzá a tésztát és ízlés szerint sózzuk. Jól keverjük össze. Főzzük magas lángon, gyakran kevergetve, amíg a tészta megpuhul. A tésztát lecsepegtetjük, a főzővíz egy részét tartalékoljuk.

3. A tésztát a sajt felével a paradicsomszószhoz keverjük. Adjuk hozzá a rukkolát és jól keverjük össze. Adjunk hozzá egy keveset a fenntartott főzővízből, ha a tészta túl száraznak tűnik. Megszórjuk a maradék sajttal és azonnal tálaljuk.

Orecchiette sertés ronggyal

Orecchiette Ragù di Maiale

6-8 adagot tesz ki

Dora Marzovilla barátom Rutiglianóból származik, Bari közelében. Szakértő tésztakészítő, és sokat tanultam azáltal, hogy figyeltem őt. Dora egy speciális fából készült tésztalappal rendelkezik, amelyet csak tésztakészítésre használnak. Noha Dóra sokféle friss tésztát készít, például gnocchit, cavatellit, raviolit és maloreddust – szardíniai sáfrányos gnocchit –, családja New York-i éttermében, az I Trulliban az orecchiette a specialitása.

Az orecchiette készítése nagyon hasonlít a cavatelli készítéséhez. A legnagyobb különbség az, hogy a tésztahéj nyitottabb kupolaformájú, olyasmi, mint egy felborult frizbi, vagy a fantáziadús olasz képzelet szerint kicsi fülek, innen kapták a nevüket.

1 recept Búzadara tészta

3 csésze Sertés rongy friss fűszernövényekkel

½ csésze frissen reszelt Pecorino Romano

1. Készítsünk ragút és tésztát. Készítsen 2 nagy liszttel meghintett tepsit. Vágja a tésztát 1/2 hüvelykes darabokra. Fogjon egy kis

kést tompa pengével és lekerekített hegyével úgy, hogy a mutatóujját nyomja a kés pengéjéhez. A kés hegyével lapítsunk el minden tésztadarabot, enyhén nyomkodjuk és húzzuk, hogy a tészta korongot formáljon. Fordítsa meg az egyes lemezeket a hüvelykujja hegye fölé, és így kupola alakot hoz létre.

2. A darabokat az előkészített tepsikre terítjük. Ismételje meg a maradék tésztával. (Ha 1 órán belül nem használja az orecchiette-et, helyezze a serpenyőket a fagyasztóba. Amikor a darabok megszilárdultak, kanalazzuk őket egy műanyag zacskóba, és szorosan zárjuk le. Főzés előtt ne olvasszuk fel.)

3. Forraljon fel legalább 4 liter vizet. Adjuk hozzá a tésztát és ízlés szerint sózzuk. Jól keverjük össze. Főzzük nagy lángon, gyakran kevergetve, amíg a tészta al dente, puha, de még mindig harapásig szilárd nem lesz. A tésztát lecsepegtetjük, a főzővíz egy részét tartalékoljuk.

4. Adjuk hozzá a tésztát a ragúhoz. Adjuk hozzá a sajtot, és jól keverjük össze, adjunk hozzá a fenntartott főzővíz egy részét, ha a szósz túl sűrűnek tűnik. Azonnal tálaljuk.

Orecchiette brokkoli Rabe-vel

Orecchiette a Cime di Rape-ben

4-6 adagot tesz ki

Ez gyakorlatilag Puglia hivatalos étele, és sehol nem találsz finomabbat. Brokkoli rabe-t igényel, amelyet néha rapininek is neveznek, de fehérrépa zöldje, mustár, kelkáposzta vagy hagyományos brokkoli is használható. A brokkoli rabe hosszú szára és levele, kellemesen kesernyés ízű, bár forralva megszelídíti a keserűség egy részét, és puhává teszi.

1 csokor brokkoli rabe (kb. 1 1/2 font), 1 hüvelykes darabokra vágva

Só

1/3 csésze olívaolaj

4 gerezd fokhagyma

8 szardella filé

Csipet őrölt pirospaprika

1 kiló friss orecchiette vagy cavatelli

1.Forraljunk fel egy nagy fazék vizet. Adjuk hozzá a brokkolit és ízlés szerint sózzuk. A brokkolit 5 percig főzzük, majd leszűrjük. Még mindig szilárdnak kell lennie.

2.Szárítsa meg az edényt. Melegítsük fel az olajat a fokhagymával közepes-alacsony lángon. Adjuk hozzá a szardella és a pirospaprika. Amikor a fokhagyma aranybarna, hozzáadjuk a brokkolit. Főzzük alaposan kevergetve, hogy a brokkolit bevonják az olajjal, amíg nagyon puha nem lesz, körülbelül 5 percig.

3.Forraljon fel legalább 4 liter vizet. Adjuk hozzá a tésztát és ízlés szerint sózzuk. Jól keverjük össze. Főzzük nagy lángon, gyakran kevergetve, amíg a tészta al dente, puha, de még mindig harapásig szilárd nem lesz. A tésztát lecsepegtetjük, a főzővíz egy részét tartalékoljuk.

4.Adjuk hozzá a tésztát a brokkolihoz. Keverés közben főzzük 1 percig, vagy amíg a tészta jól össze nem keveredik. Ha szükséges, adjunk hozzá egy keveset a főzővízből.

Variáció:Távolítsa el a szardellat. A tésztát apróra vágott pirított mandulával vagy reszelt Pecorino Romano-val megszórva tálaljuk.

Variáció: Távolítsa el a szardellat. Távolítsa el a bélést 2 olasz kolbászról. A húst felaprítjuk, fokhagymával, csípős paprikával és brokkolival megfőzzük. Pecorino Romanóval megszórva tálaljuk.

Orecchiette kolbásszal és káposztával

Orecchiette Salsiccia és Cavoloval

6 adagot készít

Amikor Domenica Marzovilla barátom visszatért egy toszkánai utazásról, leírta nekem ezt a tésztát, amelyet egy barátja otthonában evett. Olyan egyszerűen és jól hangzott, hogy hazamentem és elkészítettem.

2 evőkanál olívaolaj

8 uncia édes sertéskolbász

8 uncia forró sertéskolbász

2 csésze importált olasz paradicsomkonzerv, lecsepegtetve és apróra vágva

Só

1 font Savoyas káposzta (kb. 1/2 közepes fej)

1 kiló friss orecchiette vagy cavatelli

1. Egy közepes lábosban hevítsük fel az olajat közepes lángon. Adjuk hozzá a kolbászt, és süssük minden oldalukon barnára, körülbelül 10 percig.

2. Adjuk hozzá a paradicsomot és egy csipet sót. Forraljuk fel, és főzzük, amíg a szósz besűrűsödik, körülbelül 30 percig.

3. Vágja le a magot a káposztáról. A káposztát vékony csíkokra vágjuk.

4. Forraljunk fel egy nagy fazék vizet. Adjuk hozzá a káposztát, és főzzük 1 percig, miután a víz ismét felforr. A káposztát szűrőkanállal kikanalazzuk. Jól lecsepegtetjük. Tartsa le a főzővizet.

5. A kolbászokat vágódeszkára szedjük, a szószt a serpenyőben hagyjuk. Adjuk hozzá a káposztát a szószhoz; főzzük 15 percig. A kolbászt vékonyra szeleteljük.

6. Forraljuk vissza a vizet, és ízlés szerint főzzük ki a tésztát sóval. Jól leszűrjük, és a kolbásszal és a szósszal felöntjük. Forrón tálaljuk.

www.ingramcontent.com/pod-product-compliance
Lightning Source LLC
Chambersburg PA
CBHW070421120526
44590CB00014B/1482